KB068694

로펌변호사가 들려주는

세금이야기

 법무법인(유) 화우
YOON & YANG

박영사

세금에 관한 여러 가지 생각들

이 책은 법무법인 화우의 조세전문 변호사들이 세금에 관하여 자유롭게 쓴 글들을 한군데 모은 것입니다. 그 대부분은 집필자들이 머니투데이 잡지에 정기적으로 개제한 글을 토대로 하고 있습니다. 부동산거래나 주식의 명의신탁 등 우리의 일상생활에서 자주 문제가 되는 것들로부터 국제조세나 관세에 이르기까지 광범위한 주제들에 관하여 조세정책적인 사항이나 법리적인 문제들을 집필자 나름의 관점과 방식으로 다양하게 다루고 있습니다.

책을 출간할 것인지 논의하는 과정에서 이 책이 누구에게 도움이될 수 있을까를 생각해 보았습니다. 우선 조세에 관심을 가지고 공부하는 사람들에게 조세에 관한 전문적인 안목을 키워주고 세법에서 문제되는 다양한 쟁점들을 좀 더 편안하게 이해하는 데 도움을 줄 수 있을 것입니다. 세법을 제대로 이해하기 위해서는 세법 교과서를 체계적으로 공부하는 것이 필수적이지만 그와 함께 조세에 관한 여러 쟁점들에 관하여 나름대로 고민해 본 다른 사람들의 생각을 공유할 수 있다면 이 역시 큰 도움을 줄 수 있을 것입니다.

또한 세법을 전문적으로 공부하지 않더라도 세금에 관한 일반적인 식견을 갖추기를 원하는 사람들에게도 도움을 줄 수 있을 것입니다. 세금은 우리 생활의 모든 면에 영향을 미치는 중요한 사항이므로 사업활동이나 그 밖의 경제활동을 하는 데 있어서 세금에 관한 일정한 수준의 지식을 갖춘다는 것은 그만큼 개인과 기업의 경쟁력을 높이는 방법이 될 것입니다. 이 책의 제목만 쭉 읽더라도 현재 우리나라 조세정책이나 조세입법 및 세법의 운용과 관련하여 무엇이 문제되는지를 쉽게 이해할 수 있을 것입니다. '술술 읽다 보니 전문가가 되었다', '재미있고 유익하다', '틈틈이 읽다 보니 조세에 관한 식견과 세상에 대한 이해의 폭이 넓어졌다'와 같은 서평을 기대한다면 지나친 욕심일까요.

세금에 관한 좋은 생각이나 정보를 담은 글은 많지만 에세이 형태의 여러 가지 세금이야기를 한 곳에 모은 책은 아마도 이 책이 처음일 것입니다. 이 책이 단순한 지식의 전달을 넘어 우리 사회에 지혜와 교양을 확산시키는 촉매제가 되기를 기대합니다.

저자 일동

차례

I. 세금 일반에 관한 이야기

iii

II. 소득과 소비에 관한 이야기

III. 상속과 증여에 관한 이야기

IV. 지방세 및 기타세금에 관한 이야기

V. 국제거래에 관한 이야기

세금 일반에
관한 이야기

I

로펌변호사가 들려주는
세금이야기

세금 이야기

임승순 변호사

벤자민 프랭클린은 사람이 살면서 피할 수 없는 두 가지가 '죽음'과 '세금'이라고 하였다. 대부분 사람에게 세금은 피하고 싶지만 피하기 어려운 반갑지 않은 손님이다. "세금 앞에 애국자 없다"는 말에 공감하지 않을 사람은 별로 없을 것이다.

국가가 세금을 걷는 데 있어서 중요한 원리 두 가지가 '효율'과 '공평'이다. 효율은 세금을 걷기 위한 비용 내지 희생이 적어야 한다는 것으로서, 세금이 경제의 흐름 내지 경제주체의 의사결정에 영향을 미치지 않아야 한다는 '조세중립성'을 핵심내용으로 한다. 현실적으로 조세중립성은 국가의 정책 목적과 공평과세의 요청 및 시장상황 등에 따라 일정한 제한을 받게 된다.

'공평'에는 '수평적 공평'과 '수직적 공평'이 있다. 수평적 공평은 '같은 것은 같게, 다른 것은 다르게' 다루는 것을 의미한다. 세금을 부과함에 있어서 실질이 같은 것을 다르게 취급하면 그 내용이 적정해도 헌법상 평등원칙에 위반된다. 수직적 공평은 '세금을 부담할 수 있는 경제적 능력(담세력)에 따른 과세'를 의미한다. 실제로 공평과세와 관련된 가장 중요한 사항은 국가가 부(富)의 재분배와 관련하여 어느 정도의 누진세 체계를 가질 것인가에 관한 것이다.

한 나라의 전체 국민소득에서 조세가 차지하는 비율을 조세부담률이라고 하는데, 2015년을 기준으로 우리나라 조세부담률은 18.5%로서 OECD 회원국 35개 국가 중 33위이다. 물론 조세부담률의 적정성은 그 나라의 복지 수준과 함께 논의되어야 한다.

세금은 국가와 사회의 존립과 발전을 위한 필수 요소이다. 세금을 제대로 납부하는 것은 국가에 대한 의무이자 공동체의 다른 구성원들에 대한 약속이다. 공동체 사회에 대한 일종의 '연회비'라고 할 수 있다. 세금을 '문명의 대가'라고 한 올리버 홈즈 판사의 말은 개인이 문명사회로부터 받는 혜택과 그 반대급부의 관계를 잘 나타낸다.

일반적으로 사람은 자신보다 남에게 더 엄격한데, 우리 사회에서 이런 경향이 두드러진 부분이 세금에 관한 경우인 것 같다. 공직자 검증과정에서 소득세나 증여세 회피 사실이 드러나면 여론이 들끓는 반면 막상 우리 사회 전반에 이들 세금에 관한 회피 심리가 넓게 퍼져 있는 현실이 이를 잘 반영한다.

우리 사회가 서로 신뢰하는 건강한 공동체가 되기 위해서는 세금문제에 있어서도 각자 자신에게 좀 더 엄격해져야 하지 않을까? 개인이든 단체이든 공동사회를 향해 자신의 목소리를 내기 위해서는 먼저 세금 납부에 관해 부끄러움이 없어야 할 것이다. 어쩌면 지금 이 순간 내가 안 낸 세금을 나보다 더 어려운 내 이웃이 힘들게 감당하고 있을지도 모른다.

절세의 묘약, '시간'

전오영 변호사

세금은 인류가 집단을 이루어 사회생활을 시작한 이래 어떠한 형식으로든 존재하였겠지만, 기록상으로는 기원전 4000년경 메소포타미아 지방에서 세금을 거두었다는 흔적이 처음이라고 한다. 권력을 쥔 지배세력의 입장에서는 어떻게 하면 많이 거둘 수 있을까를 궁리하고, 피지배세력인 백성으로서는 어떻게 하면 뺏기지 않을까를 궁리하는 것이 세금의 두 얼굴이다.

세금을 둘러싼 지배세력과 피지배세력의 갈등은 인류의 역사와 함께 하였고, 큰 역사적 사건의 배후에는 세금이 원인이 된 경우를 흔히 볼 수 있다. 중남미에서 번성했던 아즈텍제국이 불과 800명의 병사를 이끌고 공격해온 스페인의 정복자 코르테스에게 멸망한 원인 중 하나도 가혹한 세금 정책에 반기를 든 인디언이 코르테스 편에 동조하였기 때문이라고 전해진다. 미국의 독립 역시 세금을 더 많이 부과하려는 영국의 정책이 촉매제가 되었다는 것은 널리 알려져 있는 사실이다. 점차 법치주의가 확립되면서 세금을 둘러싼 갈등이 표면상으로는 잘 드러나지 않지만 여전히 현재 진행형이다.

필자가 처리하는 업무의 상당 부분은 어떻게 하면, 세금을 내지 않거나 적게 낼 수 있는지를 묻는 질문에 답하는 것이다. 설마 법률가인 필자에게 탈법적인 방법으로 세금을 적게 내는 방안을 묻는 것은 아닐 터이니 절세방안을 알려 달라는 것이리라. 국세청은 '절세'를 세법이 인정하는 범위 내에서 합법적으로 세금을 줄이는 행위라고 설명한다. 이러한 측면에서 보면, 절세에 특별한 기술이나 비책이 있는 것은 아니다. 주변에서 자산관리에 도움을 준다고 자처하는 일부 사람들이 제시하는 절세방안은 대부분 절세의 범위를 넘는 탈세에 속하는 것이다. 달콤한 유혹에 빠져 그대로 따랐다가는 납부하여야 할 세금에 가산세, 더 나아가서는 형사처벌까지 받게 되어 정말 혹을 떼려다가 혹을 붙이는 꼴이 된다.

　　이렇게 보면 국세청에서 설명한 대로 납부할 세금을 성실하게 신고하는 것이 절세의 지름길이고, 그 밖에는 다른 방법이 없는 것이 아닌가 하는 생각이 들 수 있다. 그러나 아직 실망하기는 이르다. 세법을 충분히 이해하고 법이 규정하고 있는 범위 내에서 자신이 처한 상황을 고려하면, 세금을 줄이는 방법은 얼마든지 찾을 수 있다. 절세를 빙자하여 세법의 테두리를 벗어나는 행위를 하는 일부 사람들 때문에 세금을 줄이려는 노력을 마치 범죄행위로 보는 시각이 있으나, 절세 노력도 합법적인 범위 내에서 이루어진다면 합리적인 경제활동에 못지 않게 중요한 것이다.

　　그렇다면 절세와 탈세는 어떤 차이가 있는가? 절세와 탈세는 한 끗 차이라고 할 정도로 구분이 명확하지 않은 경우가 많다. 언뜻 보기에는 절세행위로 보이지만, 실제로는 탈세행위인 경우도 있고, 반대인 경우도 비일비재하다. 이러한 부분은 조세전문가의 도움을 받아 명확히 할 필요가 있지만, 절세를 위한 행위를 하는 데 들이는 시간을 길게 가져보면, 양자가 보다 명확해지는 경우가 종종 있다.

세법에는 세금이 아예 부과되지 않거나, 낮은 세율이 적용되는 거래 구조가 있다. 그러한 거래구조를 만드는 경우 그것이 단기간 내에 이루어진다면, 오로지 세금을 낮추기 위해 인위적으로 만들어낸 것으로 취급될 가능성이 많으나, 사전에 미리 계획을 세우고 장기간에 걸쳐 준비를 한다면, 그 거래는 충분히 경제적 합리성을 갖춘 거래로 인정될 수 있게 된다. 이러한 점에서 가장 효율적인 절세방안은 충분한 시간적 여유를 가지고 미리 준비를 하는 것이다.

또한, 세법에는 단지 일정한 기간의 경과만으로 납부하여야 할 세액이 달라지는 경우가 많다. 예를 들어 부동산이나 주식의 양도소득세와 같이 일정한 보유기간이 지나면 비과세되거나 저율 과세되는 경우가 있고, 반대로 취득일로부터 일정한 기한 내에 처분하는 경우 중과세되는 경우도 있다. 또한, 동일인으로부터 10년 이내에 받은 증여가액은 합산하도록 되어 있으므로 직전 증여시점으로부터 10년 이내 증여받은 경우와 10년이 단 하루라도 경과하여 증여받은 경우는 납부하여야 할 세액에 차이가 난다. 이러한 세법 규정들을 미리 숙지하였다가, 과세대상이 되는 행위의 시점을 조절하는 방법으로도 충분히 절세가 가능하다.

결국 절세를 하려면, 세법규정을 잘 살펴 사전에 치밀한 계획을 세우고, 그 계획에 따라 차근차근 준비하는 방법 외에는 지름길이 없어 보인다. 시간적 여유 없이 절세를 하려 하거나, 세법 규정의 고려 없이 행위를 하여 과세요건 사실이 발생한 이후에는 사실상 방법이 없다.

평소 건강검진을 통해 자신의 몸 상태를 점검함으로써 질병을 예방하고, 병을 조기 발견하여 치료하여야 효과적이지, 증상이 악화된 뒤에는 치료방법이 제한될 뿐만 아니라, 종국에는 목숨이 위태롭게 될 수도 있다. 절세도 이와 마찬가지라는 점을 명심할 필요가 있다.

세법에도 프로크루스테스의 침대가 있다?

박정수 변호사

그리스 로마 신화에는 프로크루스테스라는 악당이 나온다. 이 악당은 케피소스 강가에 살면서 지나가는 여행자들을 자신의 집으로 초대하는데, 거기에는 철로 만든 침대가 준비되어 있다. 프로크루스테스는 여행자들을 침대에 눕힌 다음, 여행자의 키가 침대 길이보다 작으면 여행자의 다리를 잡아당겨서 침대 길이에 맞춰 늘리고 침대 길이보다 크면 그만큼 잘라내서 잔혹하게 살해했다고 한다. 프로크루스테스에게는 여행자의 키가 아니라 침대의 길이가 기준이었던 셈이다.

'프로크루스테스의 침대'라는 말은 이 이야기에서 유래된 것으로, 프로크루스테스가 침대의 길이에 맞춰서 사람들을 늘리고 자른 것처럼, 자기 주장이 옳은지 그른지 따지지 않고 다른 사람들에게 자신의 잣대에 무조건 맞추도록 강요하는 행위를 의미한다.

이 '프로크루스테스의 침대'는 간혹 세법에서도 보인다. 타당하지 않은 세법 규정이 법이라는 테두리 안에 포함되어 있다는 이유만으로 불합리성에 관한 지적은 외면된 채 이에 근거한 과세가 강행된다. 심지어 이미 사법부가 판결로 불합리성을 지적하면서 과세의 근거로 삼을 수 없다고 선언한 행정해석이나 과세실무가 그대로 입법되는 경우도 적지 않다.

행정해석이나 과세실무는 '법'이 아니므로 그 자체로는 납세자나 사법부에 대하여 어떠한 법적 효력도 인정되지 않는다. 더구나 그 내용이 불합리하여 헌법 규정이나 조세법의 체계, 입법취지와 충돌한다면 그 법적 효력이 인정될 수 없고 과세의 근거가 될 수 없음은 더욱 분명하다. 다만, 그 내용이 조세법의 규정을 올바르게 해석·적용하는 합리적인 것이라면 과세는 적법하게 되지만, 이는 어디까지나 법에 따라 올바른 과세를 하였기 때문이다.

사법부의 판결로 불합리하다고 선언된 행정해석이나 과세실무의 내용을 바로잡지 않은 채 그대로 '법'에 규정하는 이른바 '판결 무력화 입법'이 강행되고, 과세당국은 "이제는 법이 있으니 과세의 근거가 마련되었다"고 강변하면서 불합리한 과세를 강행하는 것이다.

이러한 태도에 대해서는 누구보다도 사법부의 권위를 존중하여야 할 과세당국이 앞장서서 사법부의 권위를 훼손하고 있다는 비판을 피하기 어려울 것이다. 나아가 불합리한 입법과 이를 통한 과세는 필연적으로 납세자의 조세저항이나 조세쟁송을 불러일으키게 된다. 외국에서는 불합리한 과세에 대한 시민들의 불만이 역사적 사건으로 이어지기도 했다. 불합리한 과세로 고통받은 시민들의 반발이 프랑스의 혁명, 미국의 독립전쟁과 같은 역사적 사건의 단초가 된 것이다.

결국 불합리한 세법 규정의 입법이나 과세는 납세자들의 저항과 사법부의 판결에 의해 저지되고, 그로 인한 부정적 영향은 이를 강행한 주체들에게 부메랑이 되어 돌아오게 된다. 마치 신화에서 프로크루스테스가 결국 테세우스라는 영웅에 의해 자신이 만든 침대에서 자신이 여행자들을 해치던 것과 똑같은 방식으로 죽게 되듯이 말이다. 조세입법을 할 때나 그 법을 적용할 때도 프로크루스테스의 침대가 들려주는 신화의 교훈, 역사의 교훈을 잊어서는 안 될 것이다.

세금의 공공성과 그 한계

정재웅 변호사

국가는 국가의 목적 달성에 필요한 재원을 마련하기 위해 아무런 보상 없이 국민들로부터 세금을 걷는다. 굳이 복지국가 달성을 위한 재원 마련의 필요성을 말하지 않더라도 국가가 세금을 걷어야 하는 필요성이나 중요성에 이의를 제기하는 사람은 없을 것이다.

세금을 걷는 국가와 세금을 내는 국민의 관계를 설명하는 방법에는 여러 가지가 있다. 국가가 세무조사를 하고, 세금을 내지 않는 국민들로부터 강제력을 동원해 세금을 받아내는 과정에서는 국가에게 우월적 지위를 인정할 수밖에 없다. 세금의 공공성 때문이다. 그러나 세금문제에 있어서도 굳이 국가의 우월적 지위를 인정하지 않아도 될 영역이 존재하고, 이러한 영역에 대하여는 납세자도 국가와 대등한 지위가 인정되어야 한다. 근대 시민 국가의 성립 과정을 되돌아볼 필요도 없이 국가는 개인의 기본권을 보장할 의무가 있고, 개인은 각자 행복을 추구할 권리가 있으며, 이러한 권리들은 헌법상 보장되는 권리로서 공공 복리와 국가의 안전보장 등 법이 정한 예외적인 사유가 있는 경우에만 제한될 수 있다. 세금은 결국 납세자가 국가에 대하여 부담하는 금전 채무이므로 세금의 부과, 징수를 위하여 필요한 경우가 아니라면 사법상의 채권, 채무 관계와 마찬가지로 국가도 납세자의 상대방 당사자로서의 지위를 갖는다고 보아야 한다. 영미 계통의 국가에서 세금에 관한 다툼이 일반 민사법원에서 다루어지는 것도 바로 이러한 특징에 기인한 것이다.

그렇다면 이와 같이 국가와 납세자가 대등하고 공평한 지위를 가져야 하는 영역은 구체적으로 어디일까?

우선 하나는 불복 쟁송에 관한 것이다. 우리나라가 대부분의 세금에 관하여 채택하고 있는 신고납세제도 아래에서 조세 채무의 확정은 납세자의 신고를 기반으로 이루어지는 것이 원칙이다. 그런데 납세자의 세금 신고는 여러 가지 이유로 잘못되는 경우가 흔히 발생한다. 이와 같은 잘못된 신고는 당연히 바로 잡혀야 하고 납세자에게 가능한 폭넓게 이를 바로 잡을 기회가 부여되어야 한다. 구체적으로 납세자가 잘못된 신고를 바로잡을 기회는 국가가 부과고지권을 행사하거나 잘못된 납세고지를 바로 잡을 수 있는 기회와 대등하게 보장되어야 한다.

우리나라의 경우 납세자가 자신의 신고내용을 스스로 바로 잡을 수 있는 경정청구제도는 1994년에 처음 생겼다. 그 이전에는 신고행위가 잘못 되었어도 이를 바로 잡을 방법이 마땅하지 않았다. 또한 위와 같이 제도가 생긴 초창기에는 경정청구기간이 원칙적으로 1년에 국한되었다. 그 후 2년, 3년으로 차례로 기간이 늘어나다가 이제는 5년으로 늘어나 원칙적인 부과권 행사기간과 동일하게 규정되었다. 미국이나 일본 등 외국의 경우에도 납세자의 잘못된 세금신고를 바로 잡는 기간은 국가의 부과권 행사기간과 원칙적으로 동일하게 규정하고 있다. 어쨌든 늦게라도 우리나라에도 신고에 대한 경정청구제도가 제대로 자리잡은 것은 다행한 일이 아닐 수 없다.

또 다른 하나는 환급가산금에 관한 것이다.

현재 국가가 잘못 부과해 더 받은 세금을 국민에게 돌려줄 때 가산해서 지급하는 환급가산금의 이율은 은행 예금이자율이 고려된 연 1.8%에 불과하다. 그런데 거꾸로 납세자가 제때 세금을 내지 못해서 납부하는 가산금 비율은 기본 이율만 10% 정도로서 이보다 훨씬 높다. 2019년 법 개정으로 가산금 제도가 납부불성실가산세에 통합되었으나 그 내용은 사실상 동일하다. 뿐만 아니라 납세자가 제때 신고하지 못하는 경우 납세자는 원칙적으로 20% 많게는 40%까지 신고불성실가산세를 물게 되는데 가산세가 세금의 이행을 확보하기 위한 제재적 성격이 있다고 하더라도 이 역시 실질적인 가산금 비율을 정하는 데 있어서 참고할 사정임은 분명하다.

사실 꼭 이러한 영역이 아니라 국가의 강제력이 필요한 세무조사 등의 영역에서도 그 밑바탕에는 국민 개개인이 국가와 대등한 상대방 당사자라는 생각이 깔려 있어야 한다. 그러한 바탕에서 세금이 공평하고 효율적으로 부과, 징수되어 납세자가 합리적인 세정이 운영된다고 느끼는 것, 이것이 세금 선진국의 제대로 된 모습일 것이다.

대통령 공약 실현을 위한 도구 …
'조세정책'의 두 얼굴

오태환 변호사

'장미대선'이라는 대통령선거가 드디어 막을 내렸다. 헌정사상 처음으로 대통령이 탄핵되어 사실상 보궐선거로 진행되었던 지난 2달여간의 대선후보들의 경쟁은 그 어느 때보다 치열하고 우여곡절이 많았다. 이제 대통령으로 선출 되신 분이 그들만이 아닌 우리 모두의 대통령으로서 그간 쏟아낸 공약들을 잘 이루어내는지 차분히 지켜볼 일이다.

대통령 선거전이 본격화 되면 대부분 후보들이 빠짐없이 내세우는 공약 중의 하나가 바로 복지의 확대이다. 사회적 약자를 배려하기 위한 복지혜택의 확대는 이념의 차이를 불문하고 득표에 유용한 수단이라는 점에서 여야 후보 모두 이를 앞다투어 공약으로 제시한다. 그런데 복지혜택의 확대를 위하여는 재원이 필요하고, 그러한 재원을 확보하기 위한 수단인 조세정책에 관하여는 후보들 사이에 차이가 없어야 할 것인데, 현실은 그렇지 않다.

조세정책의 상반된 두 가지 방향은 감세할 것이냐 증세할 것이
냐이다. 감세정책은 세율을 낮추면 일시적으로 정부의 재정수입은
줄어들지만 기업의 투자가 활성화되고 가계의 가처분 소득이 증가하
여 경기활성화로 연결되므로 장기적으로는 낮은 세율로 더 많은 재
정수입을 거둘 수 있다는 입장이다. 1980년대 초 미국의 레이건 대
통령이 실시한 정책이라고 하여 이른바 '레이거노믹스(Reaganomics)'
로 불렸고 영국의 대처 총리도 감세정책을 주도하였다.

　　반면, 증세정책이란 경제적 여력이 있는 계층에 더 많은 세금을
부과하거나 절대 세율을 상승시켜 재정수입을 확대한 후 그 재원을
정부의 적극적인 시장개입에 사용함으로써 국가 전체적으로 가처분
소득을 확대하여 경제를 활성화시켜야 한다는 입장이다. 조세를 부
의 불균형을 완화하는 정책 수단으로 삼거나 정부의 재정적자를 해
소하기 위한 방편으로 사용하자는 입장이기도 하다. 흔히 대기업 혹
은 부자 증세라고 불리기도 하는데 미국 오바마 정부의 정책기조이
기도 하였다.

　　더 복잡하게 보면 단순히 세율을 증가시키거나 감소시키는 것
만이 아니라 직접세와 간접세 비율의 조정, 목적세의 신설과 폐지,
비과세·감면제도의 확대와 축소 등 조세를 통해 수행할 수 있는 기
능과 정책은 매우 다양하다.

　　이번 대통령 선거에서도 증세냐 감세냐를 두고 후보들 사이에
대립이 있었는데, 전체적으로 증세를 통한 재원의 확보 및 정부의
적극적 시장개입을 공약으로 제시하는 견해가 우세하였던 것으로 보

인다. 정책을 단순한 기준으로 선과 악으로 분류할 수는 없을 것이다. 현재 우리나라가 처해 있는 초고령화, 저출산에서 초래된 소비절벽과 그로 인한 시장의 침체, 경제둔화의 악순환의 고리를 끊어내고 미래의 젊은 세대가 새로운 사업분야에 마음껏 도전할 수 있는 튼튼하고 건전한 경제체제를 만들고자 하는 지향점은 모두 동일할 것이다. 우리가 선출한 사회의 지도자가 과거와 현재 그리고 미래까지 읽어내는 혜안(慧眼)으로 사회를 통찰하고, 적재적소에서 기막힌 타이밍으로 여러 조세정책을 효율적으로 펼침으로써 우리 경제 더 나아가 우리나라가 한 단계 도약하는 꿈을 가져 본다.

'증세 없는 복지'를 위한 '꼼수 증세'?

정재웅 변호사

조세특례제한법은 연구 및 인력개발을 위한 시설 또는 신기술의 기업화를 위한 시설(제11조), 에너지절약시설(제25조의2), 환경보전시설(제25조의3), 의약품 품질관리 개선시설(제25조의4)에 대한 투자를 장려하기 위해 위 시설에 투자하는 경우 해당 투자금액의 100분의 10에 해당하는 금액을 사업소득에 대한 소득세 또는 법인세에서 공제해 주고 있었다.

그런데 해당 규정들은 2014년 1월 1일자로 조세특례제한법이 개정되면서 '차등 적용'이 필요하다는 이유로 투자금액의 100분의 3 (대통령령으로 정하는 중견기업의 경우에는 100분의 5, 중소기업의 경우에는 100분의 10)만 공제하는 것으로 공제범위가 대폭 축소되었다. 위 시설들은 연구 및 인력개발, 에너지절약, 환경보전, 의약품 품질관리 개선을 위한 것으로 국민복지를 위해 국가가 적극적으로 투자를 장려해야 되는 것들인데, 복지를 외치던 국가가 납득하기 힘든 이유를 내세워 세액 공제 범위를 축소함으로써 시설투자의 유인을 제거해 버린 것이다.

세법의 개정과정에서 세금 공제혜택이 폐지되거나 혜택의 범위가 축소되는 경우는 흔히 있다. 그러나 그 경우에도 실체적으로 납득할 만한 이유가 있어야 하고, 절차적으로도 납세자가 대비할 수 있는 시간을 두고 시행하는 것이 바람직하다. 그런데 위 개정과 관련하여서는 당시 관보에 게재된 개정 이유를 살펴보아도 공제율을 축소하는 이유를 찾을 수 없고, 공제율도 2014년부터 3%로 축소되었다가 2016년부터 1%로 축소되어 단기간에 급격하게 축소되었다.

기존에 10%이던 명목세율을 20%로 올려서 적극적으로 세금을 더 걷는 것만이 증세는 아니다. 정당한 이유를 갖고 국가차원에서 세제 혜택을 주던 것을 특별한 이유 없이 갑작스럽게 제거 또는 축소함으로써 국민의 세부담을 실질적으로 늘리는 것도 증세에 해당함에 의문이 없다. 기부금 공제혜택을 소득공제에서 세액공제로 전환하면 고소득자가 피부로 느끼는 증세 부담은 단순히 세율을 일부 높이는 것보다 오히려 더 클 수 있다.

증세 없는 복지가 가능한가에 대한 정확한 답을 찾기는 쉽지 않다. 어쩌면 적절한 세원의 발굴이나 분배 등을 통해 증세 없는 복지가 가능할 수도 있을 것이다. 중요한 것은 증세 없는 복지가 가능한가의 답을 찾는 것이 아니라, '증세는 없다'는 약속을 지킨다는 명분을 내세워 이른바 꼼수 증세를 시도해서는 안 된다는 것이다. 명목세율 인상과 같이 눈에 금방 띄는 방식이 아니라 공제율 축소로 실효세율을 높이는 것도 실질적 증세에 해당하므로 그 시행에는 합당한 이유와 근거가 제시되어야 한다.

국가가 조세정책을 제대로 펴기 위해서는 국민들의 이해와 자발적인 협력이 필수적이다. 국민에게 당당하지 못한 조세정책은 국민들의 이해와 협력을 기대하기 어렵다. 꼼수가 아닌 당당하고 투명한 과세행정을 기대해 본다.

증세론에 대한 단상(斷想)

오태환 변호사

　지난 대선에서 논란이 되었던 증세론, 좀 더 구체적으로 이른바 부자증세를 둘러싼 논의가 활발하다. 기본 방향은 소득세의 누진세율 구간 중 5억원이 넘는 구간의 세율을 현행 40%에서 42%로 올리고, 법인세 역시 2,000억원 초과 부분에 대한 세율을 현행 22%에서 25%로 올려 복지예산을 추가 확보하고 소득양극화를 완화하겠다는 취지이다. 언론이나 인터넷에서는 '핀셋증세', '명예증세', '착한 세금'이라는 별칭으로도 불리고 있다.

　소득세나 법인세와 같은 직접세는 납세의무자와 담세자가 일치하기 때문에 대부분 누진세율 구조를 취하고 있고, 이러한 세율 체계가 소득의 재분배 측면에서 긍정적 역할을 수행한다는 점은 부인할 수 없으나 당초 의도한 조세정책 효과가 제대로 발휘될 수 있는지에 관하여는 논란이 많다. 국민의 한 사람으로서 최근의 증세론에 대한 몇 가지 생각들을 적어본다.

　먼저 증세가 이루어지면 실제 증가된 세금을 납부해야 할 납세의무자에 대해서 이해와 동의를 구하기 위한 절차와 노력이 있어야 한다. 국가가 어떠한 정책을 펴게 되면 음지와 양지가 있기 마련이고, 특히 강제로 걷는 세금에 있어서는 더욱 그러하다. 대다수 국민이 행복해지고, 미래 세대가 더 살 만한 나라를 만들 수 있다면 그러한 정책을 반대하는 국민은 없을 것이다. 소득이 많으니 불평하지 말고 시키는 대로 하라는 형태가 아니라 스스로 주머니를 열어 국가에 이바지한다는 '착한 마음'으로 세금을 납부하게 할 최소한의 책임이 국가에 있다. 유럽 국가들에서는 자발적으로 더 많은 세금을 내겠다고 청원하는 부자들의 모임까지 있다고 한다. 왜 우리나라는 그렇지 못한 것일까를 생각해 볼 필요가 있다.

다음으로 이제는 우리나라 조세정책 전체를 들여다 보아야 할 시점이 되었다는 점이다. 우리나라의 소득세 구조는 OECD 회원국과 비교하면 최고 세율은 높지만 실제 소득세 실효 부담율은 매우 낮은 수준이고, 근로소득자 절반은 아예 소득세를 납부하지 않는 반면, 상위 1%가 전체 소득세의 절반에 육박하는 세금을 내고 있다. 법인세 역시 소득세와 사정이 비슷하다. 이러한 상황에서 무조건 서로 이해하고 화합하라는 것이 과연 가능할까? 조세의 불공평한 배분이 국민 통합을 방해하는 요소가 되지 않았는지 되돌아보아야 할 시점이다.

이제 진영논리나 정치적 계산은 접어두고 모든 국민이 화합하는 공감대를 형성하기 위한 좀 더 솔직하고 생산적인 논의가 필요한 시점이다. 전 세계적인 국가간 경제블록화, 고령화의 심화에 따른 복지수요는 폭발적으로 증가하는 데 정작 생산인구와 소비는 줄어드는 경제적 악순환이 바로 눈앞에 다가와 있다. 모든 국민이 떳떳하게 납세의무를 이행하고 같은 눈높이에서 서로를 이해하며 새로운 미래를 설계해야 할 절실한 목표가 우리 모두 앞에 놓여 있다.

세금, 걷을 때나 돌려줄 때나
'같은 기준' 적용해야

정재웅 변호사

A회사는 매출을 일부 누락하였다는 이유로 국세청으로부터 법인세 부과처분과 함께 누락된 매출액이 A회사의 대표이사 X에게 귀속되었다는 이유로 X의 소득을 증액하여 상여로 처분한다는 내용의 소득금액변동통지를 받고, 그에 따른 법인세, X의 원천징수 종합소득세액을 모두 납부하였다.

그 후 A회사는 매출을 누락한 적이 없음을 이유로 법인세 부과처분의 취소를 구하는 행정소송을 제기했으나, 소송에서 승소하여 법인세 부과처분이 취소되면 대표이사 X에 대한 소득금액변동통지처분도 당연히 같이 취소될 것으로 생각하여 소득금액변동통지처분에 대해서는 별도로 소송을 제기하지 않았다.

법원은 심리결과 매출을 누락한 적이 없다는 A회사의 주장이 타당하다고 판단하여 법인세 부과처분을 모두 취소하라는 내용으로 조정권고를 하였고, A회사와 국세청 모두 조정에 동의하여 국세청은 부과처분을 직권으로 취소하고, A회사에 법인세액을 전액 환급하였다. 하지만 국세청은 소득금액변동통지처분은 법인세 부과처분과는 별개의 처분임을 이유로 이를 취소하지 않고, 종합소득세액을 환급하지 않았다.

이 경우 법원은 조정권고결정문 자체에 소득금액변동통지처분 취소에 관한 내용이 포함되어 있지 않은 경우 그 기초가 된 법인세 부과처분이 취소된 경우에도 소득금액변동통지처분 취소는 불가능하다는 입장을 취하고 있다.

법인세 부과처분과 소득금액변동통지처분이 형식상 별개의 처분이고, 법원의 조정권고결정에 판결과 달리 기판력이 없는 점, 세입예산의 안정적 조달업무를 담당하는 국세청으로서는 법과 규정에 따라 매우 엄격하게 과세행정을 수행해야 된다는 점 등에 비추어 이와 같은 국세청의 기본적인 입장에 수긍되는 면이 전혀 없는 것은 아니다.

그러나 A회사에 대한 소득금액변동통지처분은 A회사가 매출을 누락하였다는 사실을 전제로, 그 누락된 매출액이 A회사 대표이사인 X에게 귀속되었다는 이유로 내려진 것인데, A회사가 매출을 누락한 사실이 없음이 법원 심리를 통해 밝혀졌고, 국세청도 이를 인정함으로써 그 전제 사실이 무너진 이상 X에 대한 소득 귀속 역시 인정될 수 없음은 자명한 일이다.

그런데도 단지 납세자가 형식적인 절차를 거치지 않았다는 이유만으로 국가가 보관하고 있는 잘못 납부된 세금을 돌려주지 않는다는 것은 아무리 생각해도 납득하기 어렵다. 국가는 그 자체로 정의로워야 한다는 명제를 거론할 필요도 없이 위와 같이 잘못 납부된 세금임이 당사자 본인에 대한 사법절차에서 명백하게 밝혀진 경우에까지 이를 돌려주지 않는다면 국가는 납세자의 희생 아래 부당한 이득을 취한다는 비난을 면하기 어려울 것이다.

　　세금을 걷을 때는 실질과세를 외치고, 잘못된 세금을 돌려줄 때는 실질을 외면하는 과세행정을 쉽게 수긍하는 국민은 없을 것이다. 세금을 걷을 때나 돌려줄 때나 최대한 같은 기준이 적용되는 공평하고 능동적인 과세행정을 기대해 본다.

세법을 국민 품으로

오태환 변호사

조세법률주의는 법률의 근거 없이 국가는 조세를 부과·징수할 수 없고, 국민의 조세의 납부를 요구받지 아니한다는 조세법의 대원칙으로 우리 헌법 제59조에 명기되어 있다. 현 시점에서는 당연한 명제로 보이지만 실제로 조세법률주의가 확립되기까지는 수많은 항쟁과 희생의 역사가 뒤따랐다.

역사를 거슬러 올라가 보면 조세법률주의는 인민이 절대권력자인 국왕에 맞서는 것부터 태동된다. 13세기 절대주의 국가에서는 왕권신수설에 입각하여 국왕은 어느 누구의 승인이나 통제도 없이 조세부과권을 행사하였으나, 이에 대항하여 1215년 영국의 마그나 카르타(Magna Carta)에서 처음 국왕의 조세부과권을 제한하기에 이르렀다. 이후 유럽에서 태동한 의회주의 및 시민주권 이념에 입각하여 의회가 제정한 법률에 의해서만 조세를 부과할 수 있다는 조세법률주의의 구체적인 내용이 형성되게 된다. 그 과정에서 수많은 시민의 희생과 고통이 뒤따랐음은 물론이다. 영국의 식민지였던 미국에서 1773년에 발생하여 독립전쟁의 발단이 되었던 유명한 '보스턴 차 사건’ 역시 영국의 가혹한 세금징수에 반발하여 발생한 것으로 그 당시의 구호 역시 ‘대표 없이는 과세 없다’는 것이었다.

이처럼 조세법률주의는 국민이 절대권력으로부터 자신의 재산권을 지키기 위한 항쟁의 산물이라는 역사적 연혁을 가지고 있다. 이처럼 중요한 의미를 가지는 조세법률주의는 과연 현대에 이르러서도 그 존재의미를 충분히 다하고 있는 것일까?

대부분의 민주주의 국가와 마찬가지로 우리나라도 조세부과의 근거가 되는 각종 조세 관련 법은 반드시 국민에 의해 선출된 국회의원으로 구성된 국회에서 표결을 거쳐 제정·개정하도록 되어 있다. 국민의 대표에 의해 조세법이 만들어지는 외관만으로 보면 조세법률주의는 제대로 보장되어 있는 것처럼 보인다. 그렇지만 현실의 모습은 반드시 그렇지만은 않다.

간단한 예로 현재 국민이 부담하고 있는 세금의 종류가 국세, 지방세 등을 포함하여 무려 30여 가지나 된다는 사실을 알고 있는 국민이 얼마나 될까? 익금과 손금, 소득처분, 인정상여, 부당행위계산부인, 압축기장충당금 등 조세법령에 등장하는 용어들은 법률전문가도 이해하기 어려운 것이 현실이다. 이와 같이 어렵고도 추상적인 법률용어의 사용은 필연적으로 정부와 지방자치단체 등 과세권자에게 상당한 재량권을 부여하기 마련이다. 어쩌면 국민이 아예 세금에 관심을 두지 못하도록 조세법령을 어렵게 만드는 것은 아닐까 하는 의심이 들 지경이다.

이러한 점에서 오늘날 조세법률주의의 실현은 조세법령의 용어를 누구나 이해하기 쉽도록 정비하고, 세액의 계산구조와 세금의 종류를 보다 간명하게 바꾸는 것이 그 시작이 되어야 한다. 국민이 자신이 부담하여야 할 세금을 정확하게 이해하는 것은 국민의 납세 의식의 제고를 위해서도 꼭 필요한 일이다. 법을 잘 모르는 사람에게 법을 잘 지킬 것을 요구할 수는 없기 때문이다.

금년 4월에는 제20대 국회의원 총선거가 있었다. 국민은 투표권을 행사하여 조세법률을 제정할 권한을 국회의원에게 위임하였다. 국회의원들이 과연 세금에 관한 법을 국민의 품으로 되돌려 실질적인 조세법률주의를 실현할 수 있을 것인지 관심을 가지고 지켜볼 일이다.

"제가 세금내기 싫은 이유는요…"

전완규 변호사

한국납세자연맹이 최근 한국의 납세자들이 세금을 내기 싫어하는 이유에 대해 설문조사를 했다. 설문조사에서 납세자들은 "주변에 세금 안 내는 사람이 너무 많다"거나 "내가 낸 세금이 낭비된다"고 대답한 경우가 가장 많았다. 한마디로, "세금이 공평하게 부과되지 않거나 필요한 곳에 제대로 사용되지 않으므로 가능한 세금을 안 내는 것이 현명하다"는 것이다.

'주변에 세금 안 내는 사람이 너무 많다'는 납세자들의 인식은 일차적으로 세금 징수 체계나 국민의 납세의식에서 비롯된 것으로 볼 수 있고 이에 대한 진단과 해결은 여기서 쉽게 다룰 수 있는 성질이 아니다. 문제는 이러한 인식으로 인하여 지금 우리 사회에 세금을 제대로 내면 바보라는 인식이 팽배하다는 점이다. 따라서 이 문제 해결의 실마리는 세금에 대한 국민의 시각을 긍정적으로 바꾸는 데서 찾아야 할 것이다.

세금은 국가를 운영하는 데 반드시 필요하다. 특히 요즘처럼 복지가 강조되는 시대에는 재원마련을 위해서 그 필요성이 더욱 절실하다. 납세자들의 인식 전환을 위해서는, 열심히 일하는 사람이 존중받는 것처럼, 세금을 많이 내는 사람이 존중받는 사회적 분위기를 만들 필요가 있다. 사회적 비판 내지 감시의 대상은 돈을 버는 방법에 문제가 있는 경우, 즉 부도덕, 탈법, 불법적인 방법으로 돈을 버는 것에 한정하여야 한다. 올바르게 번 돈을 많이 쓴다고 비난할 이유는 없다. 번 돈을 쓰는 것은 국가경제에 활력을 불어 넣어 일자리를 창출하는 등 긍정적 역할을 할 뿐 아니라, 소비는 항상 세금을 동반한다는 점에서 적극 권장되어야 한다. 올바른 방법으로 많은 돈을 벌고, 번 만큼 많이 쓰는 것이야 말로 세금을 거둬들이고 쓰는 국가나 세금의 혜택을 받는 사회적 약자 입장에서 환영할 일이다.

납세자들이 '내가 낸 세금이 낭비된다'고 생각하는 것은 세금이 제대로 사용되고 있는지를 확인할 방법이 없는 상황에서 각종 보조금 등 복지정책의 미명 아래 세금이 빼돌려진다는 보도가 이어져 온 터에 특히 최근 사회적, 정치적으로 큰 문제가 되고 있는 특별활동비가 영향을 미친 것으로 보인다. 가장 투명하면서 모범을 보여야 할 청와대, 국회, 검찰, 국가정보원 등의 고위공직자들이 특별활동비 명목으로 거액의 돈을 묻지마 식으로 사용해 왔다는 것은 일반 국민의 입장에서 납득하기 어렵다. 특별활동비 문제는 국가 스스로 세금 징수 권한이나 정당성을 부정하는 것으로서 신속하게 개선방안이 마련되지 않으면 납세자의 조세저항으로 이어질 가능성이 크다. 결국, 내가 낸 세금이 낭비되고 있다는 납세자들의 인식을 되돌리는 것은 국가의 몫이다. 시간이 필요하겠지만 이 문제는 국가가 거둬들인 세

"제가 세금내기 싫은 이유는…"

금을 올바른 용도로 투명하게 사용하면 자연스럽게 해결될 것이다.

　세금을 많이 낸 사람이 사회에서 존경받고 그 세금이 필요한 곳에 제대로 집행되는 것은 어쩌면 동전의 양면일지도 모른다. 상대적으로 저소득층에 있는 많은 국민들이 세금의 혜택을 피부로 느끼게 되면 세금의 역할과 세금을 많이 내는 사람들에 대한 국민들의 인식도 자연스럽게 변화할 것이기 때문이다. 사회부유층의 노블레스 오블리주 정신의 확산은 당연한 시대적 요청이지만 그와 함께 지나치게 부를 탈세와 연결하여 보는 시각보다는 세금을 제대로 내는 것에 대한 긍정적 평가가 이루어지는 방향으로 사회적 분위기가 바뀔 것을 기대해 본다.

'통일세' 만들어 통일에 대비한다고?

정재웅 변호사

필자는 독일 자브뤼켄(Saarbrücken)에서 유학 중이던 2008년 초 베를린 장벽을 직접 보기 위해 자동차로 700여 km를 달려 현장에 간 적이 있다.

베를린 장벽이 생각보다 높고 튼튼한 것에 놀라기도 했지만, 베를린 인근 구 동독지역의 도로, 주택 등이 구 서독지역 못지않게 잘 정비되어 있고, 주민들의 생활 수준도 큰 차이가 없는 것에 크게 놀랐던 기억이 있다. 취약한 경제 규모나 수준에 비추어 구 동독지역이 구 서독지역에 비해 사회기반시설이나 생활수준이 열악할 것이라는 선입관이 한순간에 무너졌다.

독일은 1989년에 통일이 되었으므로, 필자가 여행한 2008년은 그로부터 채 20년이 되지 않은 때였다. 도대체 어떻게 해서 독일은 그 짧은 시간 안에 동서독의 경제 격차를 크게 줄일 수 있었던 것일까?

통일 독일이 비교적 단기간에 동서독의 경제 격차를 줄이고 실질적 통합을 이루는 데 크게 기여한 것이 바로 독일의 통일세이다.

정확하게는 독일에 통일세(Einheitssteuer)라는 별개의 세목이 존재하는 것은 아니고, 일정 수준 이상의 소득세/법인세(Einkommen-/Körperschaftsteuer)에 대해 5.5%를 부가(附加)하는 일종의 연대세(Solidaritätszuschlag)인데, 우리나라에는 이것이 통일세로 소개되고 있다.

독일의 통일세는 독일 통일 이후 1991년 7월 1일부터 도입되어 1년간 시행되다 1993년과 1994년의 비과세기간을 제외하고 1997년까지 7.5%, 1998년 이후부터 현재까지는 5.5%의 세율이 적용되고 있다. 참고로 2016년 기준 독일의 통일세 규모는 약 168.5억 유로로 이를 한화로 환산하면 20조원을 약간 상회하는 수준이다.

현재 독일에서는 통일세 유지 여부에 대해 정치적인 논의가 있고, 2013년에 실시된 조사에서는 폐지 여론이 더 높기도 하였다. 하지만 독일 통일 이후 약 20년 이상 구 서독지역 주민들은 화폐가치가 크게 하락하고, 반대로 물가는 크게 인상되는 경제적 어려움 속에서도 독일의 실질적인 통합비용으로 통일세를 부담하는 것에 대다수가 기꺼이 동참하였다. 필자가 유학한 2008년에도 독일에서 통일세 유지 찬반 조사가 있었는데, 찬성이 다수였던 것으로 기억한다.

우리나라에서는 이명박 대통령 시절 통일세 도입 논의가 잠깐 있었다. 그리고 최근 남북의 화해 분위기 속에서 머지 않아 통일이 될 것으로 생각하는 사람들이 늘어가고 있고, 그에 따라 통일 비용과 그 부담에 대한 관심이 다시 커지고 있다.

필자는 독일이 보여준 것처럼 남북이 통일을 하는 것이 민족 통합의 결과가 되는 것은 물론 더 강한 국가가 되는 길이라고 믿는다. 그리고 남북 통일을 위해서는 경제력 우위에 있는 남한의 주민들이 더 많은 경제적 부담을 질 수밖에 없기에 서둘러 통일 비용을 마련하기 위한 조치를 적극 시행해야 한다고 생각한다.

독일은 통일 이후에 통일 비용을 마련하기 위한 조치를 취했고, 그로 인해 서독 주민들의 부담이 상대적으로 컸다. 통일이 되기 전부터 차근차근 통일 비용을 마련하기 위한 조치를 시행한다면 통일 이후 국민들의 통일 비용 부담을 줄일 수 있고, 실질적 통합의 시기도 앞당길 수 있을 것이다. 아울러 이러한 조치가 국민들이 통일에 대해 가지는 경제적 불안감을 해소하고 통일에 대한 관심과 자신감을 높이는 계기도 될 것이다. 머지않아 통일이 되고, 통일된 한반도 경제가 큰 시너지 효과를 발휘하여 통일 한국이 독일 못지 않는 경제 강국이 되는 그 날을 마음속에 그려 본다.

국세청법 생기면 국세청이 달라질까?

오태환 변호사

　국세청법 제정안이 2018년 2월 5일 국회에서 발의되었다. 제안 이유는 국민의 신뢰를 받는 세정을 구현하고 국세청을 정치권력으로부터 독립시키기 위함이라고 되어 있다. 주요 내용으로는 국세청장의 임기(2년)를 보장하되 국회의 청문절차를 거쳐 자질을 검증하도록 하며, 납세자보호위원회를 설치하여 납세자인 국민의 권리보호에 관한 사항을 관장하게 하고, 국세공무원을 공개경쟁 시험을 통한 채용한 후 그 지위를 특정직공무원으로 다른 일반 공무원과 분리하며, 국세공무원에게 정치적 중립의무를 부과함과 아울러 부당한 세무조사 요청에 대한 자체감사기구의 설치와 국세공무원의 퇴직 후 일정기간 유관업체 취업제한 등이 규정되어 있다.

　법안은 야당 쪽에서 발의하였는데 전체적으로 국세행정을 정치적 외압으로부터 독립시켜 자의적인 세무조사권의 남용을 막겠다는 취지가 그 밑바탕에 깔려 있다.

　국세청법의 제정 시도는 이번이 처음이 아니다. 1999년 정부입법의 형태로 국세공무원법이 제안되었고, 그 이후에도 국회에는

2007년, 2013년, 2014년 등 3차례 국세청법 제정안이 발의되었다. 대부분의 입법안에 포함되어 있던 내용이 국세청장의 임기제이다. 이는 정치권력이 국세청장의 임면권을 무기로 국세청장에게 음성적인 외압을 행사하고, 그러한 요청에 따라 국세청이 세무조사권을 자의적으로 행사하였다는 데 대한 반성과 더불어 임기가 보장되는 국세청장이 외압을 막아 줄 방패막이가 되어야 한다는 점이 고려된 것이다. 이와 같은 국세청 독립의 지향점이 국세행정의 정치적 중립과 이를 통한 공정하고 투명한 과세권 행사를 보장하기 위한 것이어야 한다는 점은 누구도 부인할 수 없다. 최근의 국세청법 발의를 포함하여 국세청법 제정을 주도한 것이 모두 야당이고, 과거에 제안된 국세청법안이 국회에서 제대로 논의조차 이루어지지 못한 채 폐기되었다는 점에 비추어, 과연 이번 국세청법 제정안이 진정 국민을 위한 것인지, 실제로 제정할 의향이 있는 것인지 국민 모두가 관심을 가지고 잘 지켜 볼 일이다.

아직 국회의 논의가 본격적으로 시작된 것은 아니지만 발의된 국세청법안의 내용을 두고 학계와 실무계에서는 갑론을박이 한창이다. 전반적으로 이제는 국세청법을 제정하여야 한다는 데에 공감하는 분위기인데, 국세청이 가지는 위상과 막강한 영향력을 감안하면 뒤늦은 감이 없지 않다. 국세청을 기관구성상 독립시키고 임기를 보장해 본들 현실적으로 임기를 다 채우는 분이 몇 분이나 될까 하는 회의적인 시각도 있지만, 우리가 지키고 따라야 할 룰과 규칙을 규범화하는 것은 우리 사회가 또 다른 측면에서 한걸음 진보하기 위해 거쳐야 할 과정일 것이다.

　국세공무원이 권한을 함부로 내세우지 않고, 조그만 잘못이라도 깊이 반성하고 용서를 구하며, 말 한마디나 한 발짝 걸음도 신중하게 처신하고, 왜 세금을 부과할 수밖에 없는지를 낮은 자세로 설득한다면, 원망은 할지언정 공정성에 대한 시비는 없어지지 않을까? 바라건대 이번에 발의된 국세청법안에 이러한 소망들이 잘 담겨 국세청이 국민 앞으로 한 걸음 다가서는 계기가 되기를 기대해 본다.

서로 갚을 돈 상쇄하는 '상계'…
세금에도 적용될까

김용택 변호사

상계(相計)란 쌍방이 서로에 대해 동일한 종류의 채권을 가지고 있는 경우 양쪽 채권을 서로 대등액에서 소멸시키는 것이다. 예컨대, 甲이 乙에 대해 100만 원의 채권을 가지고 있고, 乙이 甲에 대해 60만 원의 다른 채권이 있는 경우, 甲 또는 乙은 일방적으로 60만 원의 범위 내에서 쌍방의 채권을 소멸시킬 수 있다.

상계는 채권자와 채무자가 서로 동일한 종류의 채권을 가지고 있을 때 각자 청구나 집행을 함으로써 발생하는 시간과 비용을 덜어 주는 기능을 한다. 또한 상계는 변제의 공평도 도모한다. 예컨대 두 당사자 중 어느 한쪽이 파산 등으로 자력이 나빠진 경우에 다른 쪽 당사자의 입장에서 상대방으로부터 돈을 받을 수 없는 상황임에도 여전히 자신이 부담하는 채무를 전액 변제해야 한다면 불공평하다. 상계는 이러한 불합리한 점을 방지한다. 상계는 그 연원이 멀리 로마법에까지 이르는 매우 오래된 제도이다.

상계의 관념은 다른 분야에서도 응용되고 있다. 예를 들어, 불법행위로 다른 사람에게 피해를 입힌 경우, 피해자에게도 과실이 있다면 이를 참작하여 손해배상액을 감액하거나('과실상계'), 피해자가 불법행위로 이익을 얻은 경우 그 이득을 손해배상액에서 공제할 수 있다('손익상계'). 상법상 계속적 상거래관계에서 일정 기간 동안 발생한 채권·채무를 총액으로 상계하고 잔액만을 지급하기로 하는 '상호계산'도 있다.

그런데 세금의 경우에는 어떠할까?

예를 들어, 甲이 세금을 체납하고 있는 상황에서, 국가가 甲에 대해 한 과태료처분이 취소되어 징수했던 과태료금액을 반환해야 하는 경우를 가정해 보자. 여기서 국가가 甲으로부터 받을 체납세금이 있음을 이유로 반환해야 할 과태료금액과 상계하겠다고 할 수 있는가? 결론부터 말하자면 허용되지 않는다.

조세채권을 다른 채권과 상계할 수 없도록 하는 것은 조세채권과 다른 채권은 그 성립과 집행 등의 절차가 서로 다르기 때문이다. 조세채권은 법률의 규정에 의해서 성립하고 별도의 절차 없이 자력집행되는 데 반하여 사법상 채권은 원칙적으로 계약에 의하여 성립하고 집행을 위해서는 별도로 집행권원을 얻어야 한다.

이러한 법리에 따라 세금을 체납하고 있던 납세자가 국가로부터 받을 채권을 제3자에게 양도한 경우, 국가가 미리 체납세금을 이유로 납세자의 채권을 압류해 두지 않으면 납세자의 채권이 양도된 이후에는 더 이상 체납세금을 이유로 양수인에게 채무의 이행을 거부할 수 없게 된다.

이처럼 상계주장이 허용되지 않는 것은 국가와 납세자 양쪽 모두에 대하여 동일하다. 납세자도 자신이 국가로부터 받을 채권과 체납세금을 상계할 수 없다.

다만, 납세자가 국가에 대하여 체납된 세금과 세금을 환급받을 권리가 동시에 있는 경우 예외적으로 국가에 의한 상계가 허용된다.

납세자는 잘못 납부한 세금이 있는 경우 그 환급을 구할 권리가 있다. 그런데 세법은 그 납세자에게 다른 체납세금이 있을 때에는 국가가 환급해 줄 금액을 납세자의 체납세금에 충당할 수 있도록 규정하고 있다. 국가와 납세자 사이에 서로 주고 받을 채권의 성질이 동일하게 세금인 경우 특별히 국가에게 '충당'이라는 방식의 상계를 허용하더라도 납세자에게 피해를 주는 것이 아니기 때문이다. 그 결과 납세자의 국가에 대한 환급채권이 제3자에게 양도된 경우 국가가 미리 그 환급채권을 압류하지 않더라도 국가는 체납세금과 상계할 수 있다.

이상의 내용을 납세자가 과세처분을 받고 세금을 납부한 후 행정소송 등을 통해 과세처분이 취소된 상황에 적용해 보자. 이 경우 납세자는 국가에 대해 납부한 세금의 환급채권과 행정소송의 승소에 따른 소송비용 상환채권을 보유하게 된다. 이러한 상황에서 국가가 납세자로부터 징수해야 할 체납세금이 있다면, 국가는 그 체납세금으로 ① 납세자의 세금 환급채권에 대해서는 충당의 방식으로 상계할 수 있으나, ② 납세자의 소송비용 상환채권에 대해서는 곧바로 상계를 주장할 수 없고 별도로 세법이 정한 바에 따라 압류 등의 징수절차를 거쳐야 한다.

　결국 국가나 납세자 모두 상대방에 대하여 가지고 있는 채권은 그 내용에 따라 채권회수를 위해 취할 조치가 다르고, 그러한 조치를 제대로 취하는지 여부에 따라 그 채권의 실제 가치가 달라지게 된다는 점을 유의할 필요가 있다.

회사 체납 세금을 주주가 낸다?

오태환 변호사

우리의 상식으로 소득이 있거나 재화 등을 거래해야 조세 부담을 진다. 그런데 단지 주식을 보유하고 있다는 이유만으로 막대한 조세를 부담하게 되는 경우가 있다.

상법은 주식회사의 주주는 회사에 대하여 자신이 인수한 주식의 인수가액을 한도로 재산상의 출자의무를 부담할 뿐 그 밖에 아무런 책임도 지지 않는다는 주주유한책임의 원칙을 천명하고 있다. 이는 소유와 경영의 분리를 통한 책임경영확보와 다수의 주주들로부터 자본을 용이하게 조달할 수 있게 하기 위한 제도적 장치로서 매우 엄격하게 적용된다.

그런데 세법에서는 사정이 조금 다르다. 국세기본법 제39조는, '법인의 재산으로 그 법인에 부과되거나 그 법인이 납부할 국세, 가산금과 체납처분비에 충당하여도 부족한 경우에는 그 법인의 과점주주가 그 부족한 금액에 대하여 제2차 납세의무를 진다'고 규정하고 있다. 여기서 말하는 과점주주란 주주 1인과 특수관계인으로서 그들의 소유주식 합계가 해당 법인의 발행주식총수의 50%를 초과하면서 그에 관한 권리를 실질적으로 행사하는 자를 말한다. 쉽게 표현하면 가족들이나 친인척들이 주식의 50%를 넘게 보유하는 경우를 말한다. 과점주주에 해당하면 법인의 체납세액을 개인 재산으로 납부하여야 한다는 것이 위 규정의 의미이다. 또한 과점주주는 위와 같은 법인세 이외에도 과점주주가 되었을 때 해당 법인의 부동산 등을 취득한 것으로 보아 취득세까지 부담한다.

세법은 왜 이러한 제도를 두고 있을까? 우리 주변에는 사실상 개인회사임에도 불구하고 형식상 주식회사를 설립하면서 가족들 명의로 주식을 배분해 놓는 경우가 흔히 있다. 이러한 경우 그 형태만을 고집하여 회사의 체납세액에 대하여 지배주주에게 과세할 수 없다면 회사를 개인의 조세회피 수단으로 악용하는 것을 막을 수 없게 되므로 이를 규제하려는 것이 과점주주의 제2차 납세의무 제도이다.

헌법재판소도 법인의 체납세액에 대해 과점주주에게 납부책임을 묻는 것이 헌법에 위반되지 않는다고 보고 있다(헌법재판소 1997. 6. 26. 선고 93헌바49).

그러나 오늘날 대부분의 경우 회사의 규모가 커지고 기업경영의 방식이 다양해진 상황에서 단지 과점주주라는 이유만으로 막대한 조세부담을 지우는 것이 언제나 타당한 것인지 다시 한 번 생각해 볼 일이다. 소유와 경영의 분리라는 주주유한책임의 원칙이 오로지 세수 확보라는 그물망 설치를 위해 그렇게 쉽게 포기될 수 있는 원리는 아닐 것이다. 다른 제2차 납세의무와 달리 과점주주의 제2차 납세의무는 단지 과점주주라는 이유만으로 회사가 부담하여 납부하지 못하는 세금을 성립 경위나 세목 및 세액의 제한 없이 무조건 부담하도록 되어 있는데 이는 아무래도 지나친 것으로 여겨진다.

조세부담의 다과(多寡)를 떠나 조세의 가장 핵심 가치는 담세력에 상응한 적정과세이다. 세금을 부담하는 사람이 조세부담을 수긍하지 못한다면 결국 조세저항으로 이어져 건강한 사회를 이룩하는데 장애가 될 것이다. 과점주주의 제2차 납세의무 제도에 관한 합리적인 개선을 기대해 본다.

사업체 넘긴 후 '세금폭탄' …
2차 납세의무 바뀐다

김용택 변호사

甲회사는 영화관 사업을 운영하던 중 그 사업에 관한 모든 권리와 의무를 포괄적으로 乙회사에 양도하였다. 그런데 얼마 후 乙회사는 관할 세무서로부터 양도인이었던 甲회사가 체납한 거액의 부가가치세를 대신 납부하라는 고지서를 받았다. 사업을 양수하고 대금까지 치른 후 사업을 잘 꾸려가고자 했던 乙회사로서는 청천벽력이 아닐 수 없었다.

관할세무서가 乙회사에게 甲회사가 체납한 부가가치세를 납부하라고 한 것은 乙회사가 제2차 납세의무자라는 것이다. 제2차 납세의무란 주된 납세의무자의 재산으로 그가 납부해야 할 세금을 충당하기 부족한 경우, 그 부족세액을 납세의무자와 일정한 관계가 있는 자로부터 징수하는 것을 말한다. 민사상 보증채무와 유사하다.

세법은 해산법인의 체납세액에 대해서는 그 청산인 등에게, 법인의 체납세액에 대해서는 50%를 넘는 주식을 보유한 과점주주에게 제2차 납세의무를 인정하고 있다. 또 다른 형태로 대상사안처럼 사업이 포괄적으로 양도·양수된 경우 양도인의 체납세액에 대해 양수인이 제2차 납세의무를 지는 경우가 있다.

대상사안에서는 영화관 운영사업을 하던 甲회사가 해당 기간의 부가가치세에 대한 예정신고만 하고 납부하지 않은 상황에서 乙회사에 포괄적으로 사업을 양도하였다. 그 후 과세관청이 본래의 납세의무자인 甲회사에게 부가가치세를 부과하였는데 甲회사가 납부하지 않았고, 과세관청은 사업양수인인 乙회사를 제2차 납세의무자로 지정하여 甲회사가 체납한 부가가치세를 부과한 것이다.

사업양수인의 제2차 납세의무는 양도일 이전에 양도인이 대상 사업과 관련하여 세금신고를 하는 등 일정한 절차에 따라 이미 확정되어 있던 납세의무를 대상으로 하고, 양수한 재산의 가액을 한도로 책임을 부담한다.

대상사안에서 乙회사는 사업양수 당시까지 양도인인 甲회사가 부가가치세 예정신고만 하였을 뿐 확정신고를 하지 않아 양도인의 대상 과세기간에 관한 부가가치세가 아직 확정된 상태가 아니었다고 주장했다. 그러나 대법원은 부가가치세 예정신고만으로도 그 예정신고분에 관해서는 부가가치세 확정의 효력이 인정된다면서, 그 후 사업양수가 이루어진 이상 乙회사에게 甲의 체납세액에 대한 제2차 납세의무가 인정된다고 판단하였다.

이에 따르면, 사업양수인은 양도인에게 확정신고된 세금뿐 아니라 예정신고된 세금이 있는지 여부까지 확인할 필요가 있는데, 그러한 확인절차가 사업양수도 과정에서 어느 정도 예측가능하고 번잡한

사업체 넘긴 후 '세금폭탄' … 2차 납세의무 바뀐다

것인지 여부는 별론으로 하고 단지 사업을 양수하였다는 이유만으로 그 사업에 관련된 타인의 세금을 납부하도록 하는 것이 과연 담세력에 상응한 적정한 과세인지에 관하여 입법론적으로 많은 의문이 제기되어 왔다.

최근 정부는 2019년부터 사업양수인의 제2차 납세의무 범위를 축소시키는 국세기본법 시행령 개정을 예고한 상태다. 사업양수인 중 양도인과 친족관계 등 특수관계가 있고 양도인의 조세회피를 목적으로 사업양수를 한 경우에 한하여, 사업양수인에게 양도인의 체납세금을 징수할 수 있도록 한다는 내용이다. 양도인과 특수관계가 없거나 양도인의 조세회피와 무관하게 사업을 양수한 경우에는 양수인의 신뢰를 보호해 주겠다는 취지이다. 조만간 법령개정이 이루어져 양수인의 입장에서 보다 더 안전한 거래가 가능하게 되어, 사업양도·양수 거래가 활성화될 수 있을 것으로 예상해 본다.

임대차계약 시 부동산등기부 외에
임차인이 꼭 확인할 사항

정종화 변호사

올해 초, 작년 가을에 늦깎이 새신랑이 된 친구로부터 우울한 전화가 걸려왔다. 친구의 목소리는 심각했고, 이야기를 듣고 있는 필자 역시 전화기 너머로 한숨을 내쉬는 것 외에 아무것도 할 수가 없었다.

사연은 이렇다. 친구는 신혼집으로 서울 외곽지역에 위치한 빌라를 임차하면서 그동안 모아둔 돈으로 보증금 2억 원에 전세계약을 체결하였다. 당시 부동산등기부상 선순위 저당권이나 기타 압류 등 각종 권리관계는 깨끗했고, 전세보증금은 매매가 대비 60% 수준으로 적정했으며, 임대인도 건물을 두어 채 보유한 재력 있는 사람이었다. 친구는 잔금 지급 후 전세 목적물을 인도받고 전입신고 및 확정일자까지 받음으로써 주택임대차보호법상 우선변제요건도 갖추었다. 그런데 입주 후 수개월 만에 국세청이 해당 빌라를 압류하였다. 임대인이 약 1억 5천만 원 상당의 부가가치세를 납부하지 않았다는 이유였고, 해당 부가가치세는 친구가 그 빌라에 입주하기 전 이미 임대인에게 고지된 것이었다. 이러한 상황에서 국세청이 체납처분으로 해당 빌라를 공매할 경우 체납된 부가가치세는 임차인의 보증금 반환채권에 우선한다.

국세기본법 제35조 제1항은 "국세·가산금 또는 체납처분비는 다른 공과금이나 그 밖의 채권에 우선하여 징수한다"라고 함으로써 이른바 '국세우선권'을 규정하면서, 같은 항 제3호는 체납처분 대상 재산에 대하여 저당권 등 담보물권이나 주택임대차보호법상 우선변제권이 존재하는 경우 법정기일의 선후를 기준으로 그 우선순위를 가리도록 규정하고 있는데, 부가가치세의 경우 그 법정기일은 납세자의 신고일 또는 과세관청의 납세고지서 발송일이기 때문이다.

필자의 친구는 통상 임대차계약 시 주의사항으로 언급되는 모든 사항을 확인하고 임대차계약 체결 후 우선변제를 위한 대항요건과 확정일자까지 완벽하게 갖추었으나, 이러한 세법 규정을 알지 못하여 임대인의 국세 체납 여부를 확인하지 않았고, 결과적으로 전세계약을 체결하기 전에 이미 법정기일이 지난 국가의 임대인에 대한 조세채권이 임차인인 친구의 전세보증금 반환채권보다 우선하게 된 것이다.

한편, 국세우선권에도 불구하고 소액임차인 보호 제도에 따라 서울의 경우 임대차보증금이 1억 원 이하인 경우 3,400백만 원까지 우선적으로 보호가 되기는 하나, 요즘 서울에서 월세나 반전세가 아닌 한 전세보증금 기준으로 1억 원 이하인 부동산은 거의 찾아보기가 어려운 현실을 고려하면, 위 제도로 보호받을 수 있는 경우는 거의 없다고 해도 과언이 아니다. 실제로 친구의 경우도 보증금 액수가 1억 원을 초과하여 소액임차인으로서의 보호를 받을 수 없는 형편이었다.

이러한 일은 필자의 친구뿐 아니라 누구에게나 일어날 수 있다. 변호사인 필자 역시 임차인으로 월세나 전세계약을 체결해 보았지만, 임대인의 국세나 지방세 체납 여부를 확인한 기억이 없고, 거래를 중개하는 공인중개사가 임대인의 세금 체납 사실을 확인하는 것을 본 적도 없다.

임대차계약을 체결하는 임차인으로서는 부동산등기부 이외에 임대인의 국세 및 지방세 체납 여부를 반드시 확인할 필요가 있다. 특히, 임대인이 사업자이거나 투자업자 등 부가가치세나 종합소득세 납부의무를 부담할 가능성이 높은 직업인 경우에는 더욱 그러하다. 임대인의 국세, 지방세 체납 여부는 국세청 홈택스나 정부24에서 발급하는 국세완납증명서, 지방세완납증명서를 통해 온라인으로 손쉽게 확인할 수 있다.

다만, 국세완납증명서와 지방세완납증명서는 납세자 본인인 임대인의 협조가 필요하다. 아직까지 임대차계약 시 납세완납증명서를 확인하는 풍토가 일반화되지 않은 상황에서 임대인에게 이를 요구하는 것이 쉽지만은 않은 상황인데 앞으로 이에 관한 거래관행을 정착시키고 제도적으로 보완할 필요가 있다.

나아가, 현재와 같이 납세고지서 발송일을 법정기일로 하는 경우 납세고지서 발송 이후 도달 전까지의 기간 동안 임차인이나 담보권자가 납세완납증명서를 통해 납세자의 체납 사실을 확인할 방법이

임대차계약 시 부동산등기부 외에 임차인이 꼭 확인할 사항

사실상 없으므로, 세입자의 예측불가능성이나 불확실성을 해소할 수 있도록 조세우선권의 기준인 법정기일을 입법적으로 조정할 필요도 있다. 서민들이 편리하고 안전하게 삶의 터전을 마련할 수 있도록 조속히 법과 제도가 완비되기를 기대해 본다.

세무조사권, '절대 권력'이 아니다

김용택 변호사

어느 개인이나 기업이 세금을 탈루한 혐의가 있어 과세관청이 세무조사에 착수했다는 언론보도를 자주 접한다. 세무조사를 받는 납세자의 입장에서는 범죄혐의로 수사를 받는 것 못지 않게 당혹스럽고 불안할 수밖에 없다.

신고납세주의를 근간으로 하는 우리 세법절차에서 납세자의 성실한 신고·납부가 뒷받침되는 한 과세관청의 과세자료 수집은 불필요할 것이다. 그러나 납세자가 언제나 과세행정에 충분하게 협력한다고 볼 수는 없다. 이에 세법은 세무공무원에게 조세의 부과·징수를 위해 납세자나 그 관계인에 대해 필요한 질문을 하고, 관계서류, 장부 그 밖의 물건을 검사할 수 있도록 권한을 부여하고 있는데, 이러한 과세관청의 활동이 '세무조사'이다.

세무조사는 공권력을 행사하는 것이므로 헌법상 보장되는 국민의 기본권과 충돌할 가능성이 높다. 적정한 과세를 위한 세무조사권의 행사와 그에 따르는 납세자의 기본권 침해의 소지를 어떻게 조정할 것인가는 현실적으로 납세자의 입장에서 지대한 관심을 가질 수밖에 없는 매우 중요한 문제이다.

우리 세법은 세무공무원이 적정하고 공평한 과세를 실현하기 위해 필요한 최소한의 범위에서만 세무조사를 하고, 다른 목적을 위해 조사권을 남용할 수 없도록 하는 등 세무조사권 행사의 요건 및 절차, 이에 대응하는 납세자의 권리보호에 관해 비교적 자세한 규정을 두고 있다. 그러나 개별적·구체적인 사안에서 세무조사권의 행사가 그 범위와 한계 내에서 적법하게 이루어진 것인지 여부를 가늠하기란 쉽지 않다.

이러한 절차적 적법성에 관한 요구 못지않게 세무조사가 조세의 탈루를 막고 납세자의 성실한 신고를 담보하는 중요한 기능을 수행한다는 점을 고려하면, 세무조사 과정에서 일부 흠이 있었다는 이유만으로 그에 따른 과세처분을 무조건 취소할 수도 없다. 적절한 균형이 필요하다.

과거 우리나라는 '모로 가도 서울만 가면 된다'는 생각이 뿌리 깊게 박혀 있어 목적이 정당하다면, 수단이나 절차는 별로 중요하지 않게 생각해 왔다. 이러한 사고에 기반하여 법원 역시 세무조사 절차나 권한이 잘못 행사되더라도 이를 크게 탓하지 않았다. 그러나 점차 이러한 분위기는 변하고 있고, 그런 가운데 최근 세무공무원의 조사권 남용을 이유로 과세처분의 취소를 인정한 주목할 만한 대법원 판결이 선고되었다. 사안은 이러하다.

세무공무원 甲은 乙로부터 丙과 사이의 토지매매 관련 분쟁을 해결해 달라는 부탁을 받고, 세무조사를 통해 압박하는 방법으로 丙

으로 하여금 토지소유권을 반환하게 하기 위해 부동산 저가매수에 따른 증여세 탈세제보서를 직접 작성한 후 지인을 통해 과세관청에 탈세제보서를 접수했다. 과세관청은 丙에 대한 세무조사에 착수했고 그 과정에서 甲의 의견에 따라 丙의 관련 회사들까지 조사한 후 丙의 주식 명의신탁 사실을 확인하여 증여세를 부과하였다.

이에 대해 대법원은 세무조사권 행사가 적법하기 위해서는 '객관적 필요성, 최소성, 권한남용의 금지'라는 요건이 충족되어야 한다면서, 해당 세무조사는 세무공무원이 개인적 이익을 위해 권한을 남용한 전형적 사례로서 위법의 정도가 중대하다는 이유로 그에 따른 과세처분을 취소해야 한다고 판단하였다. 세무조사가 조세정의 및 조세공평주의 원칙 측면에서 필요불가결한 행정작용이기는 하나, 그것이 과세자료의 수집 또는 신고내용의 정확성 검증이라는 본연의 목적이 아니라 부정한 목적을 위해 수행된 것이라면 그에 따른 과세처분을 허용할 수 없다는 것이다.

우리 사회가 한층 더 민주화되고 국민의 기본권 보호의 가치가 중시됨에 따라, 과세관청의 세무조사권 행사에 일정한 한계를 설정하고 적법절차를 준수하도록 하는 노력이 계속되고 있다. 국민 개개인이 스스로 납세에 관하여 크게 부끄러움이 없다면 세무조사를 더이상 공포의 대상이 아니라 일상의 절차로서 편안하게 받아들일 수 있는 그 날이 하루 빨리 다가오기를 기대해 본다.

국세청이 세무조사 범위를 함부로 확대하면?

김용택 변호사

  기업들에게 공포의 대상이 될 수밖에 없는 세무조사, 그 절차상의 한계는 어디인가? 세무조사를 받는 납세자의 입장에서는 자칫 조사공무원의 심기를 건드렸다가는 어디까지 불통이 튈지 몰라 전전긍긍할 수밖에 없고, 도대체 어디까지 조사받게 되는지를 알 수 없는 불안한 상태에서 세무조사에 제대로 대응하기 어려운 것이 일반적인 현실이다.

  국세기본법 제81조의 9는 구체적인 세금탈루 혐의가 여러 과세기간 또는 다른 세목까지 관련되는 것으로 확인되는 경우 등 대통령령으로 정하는 경우를 제외하고는 세무조사 진행 중 조사의 범위를 임의로 확대할 수 없도록 하는 한편, 일정한 사유가 있어 조사의 범위를 확대하는 경우에는 그 사유와 범위를 납세자에게 문서로 통지하도록 규정하고 있다. 이는 예상치 못한 세무조사에 따른 부과처분으로부터 납세자를 보호하기 위한 것이다.

  그런데 그동안 과세관청은 위 규정을 제대로 준수하지 않는 경우가 많았고, 그러한 경우 세무조사에 따른 부과처분을 취소할 수 있는지에 관하여 논란이 계속되어 왔다. 이에 관해 조세심판원은 최근 과세관청이 세무조사를 진행하면서 법에 정해진 절차를 준수하지 않은 채 당초 지정된 조사대상 과세기간 외의 기간에 관한 전산파일을 확보하고 이를 과세자료로 활용해 세금을 부과한 것은 위법하다는 결정을 내렸다.

사안은 이렇다. 과세관청은 납세자 A에 대해 2016년 9~10월경 개인통합조사 및 자금출처 세무조사를 실시하였는데, 당초 그 조사대상 과세기간은 2013~2015년이었다. 그런데 세무조사 도중 당초 조사대상 과세기간이었던 2013~2015년 분의 매출누락만이 아니라, 2011~2012년 분의 매출누락 사실도 추가로 적발되었고, 결국 과세관청은 A에게 당초 조사대상 과세기간을 넘어 2011년 제2기~2015년 제2기 분에 관해 부가가치세 등을 경정·고지하였다.

이에 대해 A가 불복하였고, 조세심판원은 과세관청이 세무조사 도중 국세기본법상 조사범위 확대에 관한 제한규정을 위반하여 임의로 조사범위를 확대하였고, 납세자에게 그러한 조사범위 확대의 사유와 범위를 문서로 통지하지 않은 것은 중대한 절차상 하자라는 이유로, 조사범위가 확대된 2011~2012년 귀속 부가가치세 등 부과처분을 취소하는 결정을 한 것이다.

헌법 제12조 제1항이 규정하는 적법절차의 원칙은 형사소송절차에 국한되지 않고 국가작용 전반에 적용된다. 세무조사는 국가의 과세권을 실현하기 위한 행정조사의 일종으로 그로 인해 납세자의 재산권이 침해될 소지가 있으므로, 세무공무원의 세무조사권 행사에서도 적법절차의 원칙은 마땅히 준수되어야 한다.

종래 대법원은 세무조사절차에 어떠한 하자가 있더라도 그것이 중대한 것이 아닌 한 그 사유만으로 과세처분을 취소하는 것에 소극적이었다.

그러나 점차 사회가 민주화되고 국민의 기본권 보호의 가치가 중시됨에 따라, 과세관청의 세무조사권 행사에 일정한 한계를 설정하고 적법절차를 준수하도록 하는 노력이 계속되면서 분위기는 급변하고 있다. 근래 다수의 판결 등을 통해, 세무조사 대상자로 선정할 사유가 존재하지 않았음에도 세무조사가 실시된 경우, 동일한 납세자에 대해 거듭 세무조사를 실시한 경우, 세무공무원이 개인적 이익을 위해 권한을 남용하여 세무조사를 실시한 경우 등에 관하여 그 절차 위배만을 이유로 과세처분이 취소되고 있다.

지금까지 이러한 판단은 주로 법원 쪽에서 이루어졌고, 준사법기관인 조세심판원은 상대적으로 소극적이었으나, 이제는 조세심판원도 국세기본법상 조사범위 확대에 관한 제한 및 그 통지절차에 관한 규정을 위반한 경우 과세처분이 취소될 수 있음을 확인하고 있다. 납세자 주권의 신장에 중요한 진일보가 아닐 수 없다. 머지않은 장래에 모든 세무공무원이 국민에게 봉사하는 마음으로 공정하고 투명하게 법을 집행하는 사회가 우리 앞에 활짝 펼쳐지기를 기대해 본다.

'세무조사', 잘 활용하면 '약'이 될 수 있다

오태환 변호사

세무조사는 세무당국이 납세의무자가 신고한 내용에 오류 또는 탈루가 있는지를 확인하는 절차이다. 통상 5년 주기의 정기 세무조사와 납세자의 신고 내용에 불성실 혐의가 있는 경우, 납세자가 세법에서 정하는 신고 등 의무를 이행하지 않거나, 무자료거래, 위장·가공거래 등 거래 내용이 사실과 다른 혐의가 있는 경우, 탈세제보가 있는 경우, 납세자가 세무공무원에게 직무와 관련하여 금품을 제공하거나 금품제공을 알선한 경우 등에 실시되는 비정기 세무조사가 있다.

평소 회계관리를 철저히 하고 세법에 어긋나지 않게 재무관리를 하는 것이 세무조사로 인한 피해를 막는 유일한 방법이다. 그러나 우리나라 기업 대부분이 세무조사 앞에 하늘을 우러러 한 점 부끄러움이 없다고 당당하게 나서기란 현실적으로 거의 불가능하다. 이는 기업이 의도적으로 세금을 탈루하고 있다는 의미가 아니라, 세법의 해석이나 적용이 불명확함으로 인해 본의 아니게 세금을 탈루하는 경우가 흔히 있기 때문이다.

어느 날 갑자기 세무공무원이 들이닥쳐 세무조사가 실시된다면? 세무조사에 성역은 있을 수 없지만 당장 우리 집 앞마당에 세무조사 폭탄이 떨어진다면 당황을 넘어 큰 혼란이 벌어지기 십상이다. 불시의 세무조사로 인한 과세 위험을 최소화하기 위해 납세자가 꼭 알고 있어야 할 몇 가지 팁을 알아본다.

먼저 납세자는 세무조사의 초기 단계부터 변호사, 공인회계사, 세무사 등 전문가의 조력을 받을 권리가 있으므로 일단 당황하지 말고 주변 전문가의 도움을 청하는 것이 급선무다. 또 세무공무원은 세무조사를 받을 납세자에게 조사를 시작하기 전 10일 전에 조사대상 세목, 조사기간 및 조사사유 등을 통지해야 하고, 세무조사기간을 연장하는 경우에도 그 사유와 기간을 문서로 통지해야 하므로 그 기간을 잘 활용할 필요가 있다. 과거 세무조사를 받은 시점으로부터 상당한 기간이 경과하였다면, 조만간 세무조사가 나올 가능성에 대비하여 미리 과세위험성이 있는 쟁점들을 살펴보는 것도 꼭 필요하다. 유비무환의 정신이 세무조사만큼 필요한 영역도 없다.

세무조사가 시행되는 도중에는 원칙적으로 세무조사의 범위를 확대할 수 없으며 확대하는 경우에도 그 사유와 범위를 납세자에게 문서로 통지하도록 되어 있으므로 필요 이상의 세무조사 확대를 막는데도 주력해야 한다.

세무조사권의 남용금지와 관련하여 국세기본법 제81조의4는 중요한 원칙을 규정하고 있다. 재조사금지의 원칙이 그것인데, 세무공무원은 조세탈루의 혐의를 인정할 명백한 자료가 있는 경우 등 일부 예외적인 경우를 제외하고는 같은 세목 및 같은 과세기간에 대하여 재조사를 실시할 수 없도록 하고 있다. 어느 세목의 특정 과세기간에 대하여 모든 항목에 걸쳐 세무조사를 한 경우 특정 항목에 대해서만 다시 세무조사를 하는 경우는 물론, 당초 세무조사를 한 항목을 제외한 다른 항목에 대해서만 다시 세무조사를 하는 경우도 재조사 금지의 원칙에 위반된다(대법원 2015. 9. 10. 선고 2013두6206 판결).

세무조사가 그 본래의 목적과 다른 정당하지 못한 수단으로 악용된 사례도 없지 않지만 세무조사 담당공무원에 대해 지나친 불신이나 반감을 갖는 것은 바람직하지 못하다. 담당공무원이 정당하게 권한을 행사할 것이라는 기본적인 신뢰를 갖고 사실적, 법리적 측면의 모든 쟁점들에 관하여 담당공무원을 성심껏 설득하여야 한다.

세무조사가 기업에게 당장 큰 부담을 주는 것은 사실이지만 위기는 또 다른 기회가 될 수도 있다는 마음으로 차분하게 대응할 필요가 있다. 앞에 닥친 세무조사를 잘 활용한다면, 장기적으로는 우발적 과세위험을 제거함으로써 보다 안정적인 기업활동을 유지할 수 있는 기회로 삼을 수 있다.

세금 안 내면 형사처벌까지' …
'탈세'와 '조세포탈' 차이는 뭘까

오태환 변호사

현대 사회에서 돈을 버는 행위와 번 돈을 소비하는 행위는 필수적이고, 그 대부분은 조세부담으로 연결된다. 우리나라 세금 체계는 흔히 연말정산을 하면서 알게 되는 근로소득세 등 직접세 이외에도, 경제활동을 하면서 알게 모르게 부담하고 있는 부가가치세 등 간접세도 상당한 비율에 이른다. 세금 없는 불로소득이나 탈세의 유혹을 떨쳐 버리기 쉽지 않고, '잘 숨기다가 적발되면 그때가서 세금을 내면 되지'라고 생각하기 쉽다. 그러나 법 체계가 그리 호락호락 하지만은 않다.

탈세 적발되면 '가산세' … 조세포탈 되면 '형사처벌'까지

조세 부담을 불법적으로 경감시키거나 회피하는 행위 즉, '탈세'가 적발되면 우선 문제되는 것이 '가산세'다. 가산세는 조세법이 납세자에게 부과한 여러 의무를 성실히 이행하지 않았다는 것에 부과하는 일종의 경제적 페널티다.

대표적으로 소득세법이나 법인세법에는 납부불성실, 신고불성실 가산세 등이 정해져 있다. 그 중 부당무신고가산세는 가산세율이 무려 40%에 이른다. 탈세를 한 기간에 따라 차이가 있지만 대략 탈세금액 절반 정도에 이르는 가산세가 부과된다고 보면 크게 틀리지 않다. 우리 세법은 1차적으로 엄청난 규모의 금전적 페널티를 담보로 조세의 성실한 신고와 납부를 강제하고 있다. 이 단계까지는 어찌 됐든 경제적인 출연 즉, 탈세한 세금과 가산세를 납부하면 된다. 문제는 탈세가 '조세포탈'로 넘어가면서 발생한다. 세법을 위반한 행위 중 그 위법성과 반사회성이 중대한 경우에는 '형사처벌'의 대상이 된다.

조세범처벌법은 '사기나 그 밖의 부정한 행위로써 조세를 포탈하거나 조세의 환급, 공제를 받은 자'에게 2년 이하의 징역형이나 포탈세액의 2배 이상의 벌금형에 처하도록 규정하고 있다.

포탈세액이 연간 5억원 이상이 되면 '특정범죄 가중처벌 등에 관한 법률'위반으로 처벌이 가중된다. 연간 5억 원 이상 10억 원 미만인 경우에는 3년 이상의 유기징역, 연간 10억 원 이상인 경우에는 무기징역 또는 5년 이상의 징역형과 더불어 포탈세액의 '2배 이상 5배 이하'의 벌금형까지 필요적으로 병과하도록 돼 있다. 조세포탈은 중범죄로 형사처벌까지 되고 있는 것이다.

'탈세'와 '조세포탈' 차이 … '규모 · 부정한 행위'

그렇다면 금전적 페널티만 있는 단순한 '탈세'와 형사처벌까지

이뤄지는 '조세포탈'의 차이는 무엇일까. 우리 법상 그 차이는 포탈된 조세의 규모와 조세를 포탈하게 된 행위유형에 있다. 문제는 조세포탈죄로 처벌되는 행위유형으로써 '사기나 그 밖의 부정한 행위'가 구체적으로 어떠한 의미를 가지는가에 있다.

과거 조세범처벌법은 조세포탈죄의 행위유형으로 '부정한 행위'가 무엇인지 별다른 규정을 두고 있지 않았다. 그러다 2010년 법이 전부 개정되면서 제3조 제6항에 구체적인 부정한 행위의 유형이 규정됐다.

△이중장부의 작성 등 장부의 거짓 기장, 거짓 증빙 △거짓 문서의 작성 및 수취 △장부와 기록의 파기 △재산의 은닉 △소득, 수익, 행위, 거래의 조작 또는 은폐 △고의적인 장부 미작성 또는 미비치 △계산서나 세금계산서 또는 계산서합계표, 세금계산서합계표의 조작 △전사적 기업자원 관리설비 또는 전세세금계산서의 조작 △위계에 의한 행위 또는 부정한 행위 등으로 '조세의 부과와 징수를 불가능하게 하거나 현저히 곤란하게 하는 적극적 행위'가 그것이다.

그러나 조세범처벌법의 개정에도 불구하고 어느 형태의 조세포탈을 형사범으로 처벌해야 하는지에 대해서는 여전히 논란이 있다. 세금을 미납하는 행위에는 대부분 고의로 세금을 회피하겠다는 의도와 이를 위한 방법이 병행되게 마련이어서 탈세범의 경계는 극히 애매하기만 하다. 조세포탈죄의 경우 다른 형사범과 비교해서 처벌의 정도는 매우 가혹한 데 반하여 죄형법정주의의 방패막이인 범죄구성요건의 명확성은 크게 떨어지는 실정이다. '귀에 걸면 귀걸이, 코에 걸면 코걸이'식의 자의적인 법집행이 행하여질 가능성이 매우 큰 영역으로 남아 있음을 부인하기 어렵다.

오늘도 절세, 탈세, 조세포탈의 경계선을 넘나들면서 깊은 고민에 빠져 있을 국민이 많을 것이다. 자칫 한순간의 잘못된 판단으로 조세포탈의 경계를 침범하지 않도록 조심해야 한다. 현재 실무상 조세포탈죄의 경계가 매우 애매하므로 납세자의 입장에서 의심스러울 때는 안전한 쪽을 선택하여야 할 것이다. "나중에 후회하는 것보다 조심하는 것이 낫다(Better safe than sorry)"는 격언이 꼭 들어맞는 경우이다. 마찬가지로 정부와 국회도 선량한 국민이 잠재적 조세포탈죄의 형사범이 되지 않도록 명확한 기준을 제시하고 공평하고 공정한 과세를 위해 깊이 고민해 주길 바란다. 재판절차에 있어서도 조세포탈죄는 중형이 부과되는 형사범이므로 고의의 인정 등 죄의 요소가 되는 모든 영역에서 어느 형사범 못지않게 죄형법정주의 정신이 견고하게 유지되어야 할 것이다.

세금 안 내면 형사처벌까지' … '탈세'와 '조세포탈' 차이는 뭘까

조세포탈죄 인정, 더 엄격해야 한다

정재웅 변호사

대기업 오너들이 조세포탈죄로 기소되었다가 법원에서 무죄판결을 받는 경우를 어렵지 않게 찾아볼 수 있다. 그 중 상당 부분은 해당 기업이 세금을 제대로 신고·납부한 것은 아니지만, 기업의 오너를 조세포탈죄로 형사처벌을 해야 할 정도의 적극적 부정행위가 있었던 것은 아니라는 것이 그 이유이다.

검찰은 조세포탈죄에 해당한다고 보아 기소를 하고, 그에 대해 법원이 무죄판결을 하는 사건이 적지 않은 이유는 조세포탈죄의 성립요건에 대한 판단 자체가 쉽지 않은데다가, 검찰과 법원의 역할 및 그에 따른 시각의 차이가 영향을 미치기 때문이다.

범죄수사와 공소제기 및 그 유지를 기본적 직무로 하는 검사는 경계에 해당하는 사건의 경우 기소를 해서 법원의 판단을 구할 필요가 있는 반면, 법원은 형사재판의 기본원칙상 유·무죄의 판단이 모호한 경우 피고인의 이익을 위한 판결을 하게 된다.

조세포탈죄를 규정하고 있는 조세범처벌법은 조세포탈죄의 구성요건인 '사기나 그 밖의 부정한 행위'를 '조세의 부과와 징수를 불가능하게 하거나 현저히 곤란하게 하는 적극적 행위'를 말한다고 규정하면서, △이중장부의 작성 등 장부의 거짓 기장, △거짓 증빙 또는 거짓 문서의 작성 및 수취, △장부와 기록의 파기 등의 몇 가지 유형으로 정형화하고 있다.

법에 명시되지 않은 행위유형이라도 '사기 기타 부정한 행위'에 해당되는 경우가 있을 수 있는데, 실제로 그러한 행위유형 중 과연 어느 행위가 조세의 부과와 징수를 불가능하게 하거나 현저히 곤란하게 하는 적극적 행위에 해당하는지 여부의 판단이 쉽지 않다. 이러한 경우 '사기 기타 부정한 행위'에 해당되는지를 판단함에 있어 고려되었으면 하는 사항, 그 중에서도 납세의무를 부담하는 국민의 입장에서 반드시 고려되었으면 하는 몇 가지 사항을 제안하고자 한다.

첫째, 납세자가 가능하면 세금을 적게 내려고 애쓰는 행위를 범죄행위로 취급해서는 안 된다는 것이다. 납세의무를 충실하게 이행하는 사람은 칭찬받아야 마땅하지만, 그렇다고 해서 납세의무를 불충실하게 이행하는 사람을 무조건 범죄인 취급을 해서는 곤란하다. '세금 앞에 애국자 없다'는 말이 있듯이 반대급부 없이 국민들로부터 일방적으로 걷는 세금의 본질상 국민들로부터 자발적이고 적극적인 납세의무의 이행만을 기대할 수는 없기 때문이다. 납세의무 불이행이 있을 경우 국가는 쉽게 부과 및 징수절차로 나아갈 수 있고 가산세의 부과 등 행정적 제재도 엄중하므로 조세포탈죄의 경우 형벌이라는 점을 중시하여 체납자가 공동사회 구성원으로서의 신뢰를 현저히 배반한 것으로 인정된 경우에만 제한적으로 작동하는 것이 바람직하다.

둘째, 국가의 '조세의 부과와 징수를 불가능하게 하거나 현저히 곤란하게 하는 것인지'의 판단에 있어, 국세청이 막대한 양의 과세자료를 보유하고 있고 과세정보에 쉽게 접근할 수 있다는 점이 충분히 고려되어야 한다. 회계프로그램 등 각종 과세정보의 전산화로 인해 과세요건 충족 여부에 대한 국가의 사실확인이 훨씬 수월해졌으므로, 이 점을 고려해서 국세청이 보유하고 있거나 접근가능한 과세정보를 통해서도 조세를 부과·징수하는 것이 현저히 곤란한 경우에 한해 조세포탈죄의 성립을 인정해야 할 것이다.

셋째, 조세포탈죄가 인정되면 2년 이하의 징역형이나 포탈세액의 2배 이하의 벌금형에 처해지고, 만일 포탈세액이 연간 5억 원 이상이면 '특정범죄 가중처벌 등에 관한 법률' 위반으로 처벌이 훨씬 가중된다. 포탈세액이 연간 10억 원 이상이면 무기 또는 5년 이상의 징역형, 포탈세액이 연간 5억 원 이상 10억 원 미만인 경우 3년 이상의 징역형을 받게 되고, 각각의 경우 포탈세액의 2배 이상 5배 이하의 벌금형까지 받게 된다. 납세의무를 불이행한 경우 최고 40%에 이르는 각종 가산세를 부담해야 되는데, 이로 인한 경제적 부담은 형벌에 못지 않는 불이익처분에 해당한다. 조세포탈죄의 경계가 애매한 상태에서 과도한 형사처벌은 절벽 효과를 낳아 안정적인 사회 분위기 조성을 해칠 우려가 크다.

검찰과 법원의 조세포탈죄 성립여부의 판단이 과세행정의 발전 속도를 제대로 반영하지 못하고 있다는 느낌을 받을 때가 종종 있다. 변화된 과세환경을 반영하여 조세를 부과·징수하는 것이 단순히 어려운 것이 아니라 법문 그대로 '불가능하거나 현저히 곤란한 경우'에 한하여 조세포탈죄의 성립을 인정할 필요가 있다. 무엇보다도 중요한 것은 형사처벌의 경계선을 좀 더 명확하게 하여 국민의 예측가능성을 제고하는 일이다. 조세포탈죄가 국가가 언제나 휘두를 수 있는 만능의 무기가 되는 사회, 생각만 해도 끔찍한 일이다.

조세포탈죄 인정, 더 엄격해야 한다

명의 빌려 거래하고 세금계산서까지 …
그런데 무죄?

김용택 변호사

A는 B의 명의를 빌려 고철(古鐵) 공급사업을 하면서 고철공급거래를 하고, B 명의로 세금계산서를 발급해 왔다.

이에 대해 검찰은 B가 개입된 부분에 관해 실제 거래 없이 세금계산서만이 수수되었다고 보아 A에 대해 조세범처벌법상 가공거래 세금계산서 수수 혐의로 기소하였다.

이에 대해 대법원은 무죄를 선고하였는데 그 이유는 이렇다. 재화 등을 공급하는 사람이 제3자의 명의를 빌려 제3자 명의로 세금계산서를 발급한 경우, 이름을 빌려 준 제3자(B)가 아니라 실제로 사업체를 운영하면서 재화를 공급한 사람(A)을 세금계산서 발급 및 부가가치세 납세의무의 주체로 보아야 하고 따라서 납세의무자(A)가 비록 제3자(B) 명의로 세금계산서를 발급하였더라도, 실제로 세금계산서에 기재된 내용의 수량 및 가격으로 재화를 공급한 이상 당해 거래를 가공거래로 볼 수 없다는 것이다.

대법원은 A에 대해 조세범처벌법상 거짓 기재 세금계산서 수수행위죄나 명의대여행위죄로 처벌할 수 있음은 별론으로 하고, 거래 자체가 없었음에도 세금계산서를 발급한 것으로 보아 처벌할 수는 없다고 판단하였다.

사실과 다른 세금계산서가 수수된 경우 세법상 제재와 별개로 형사처벌이 가능하고, 이에 관해 조세범처벌법 등은 행위유형별로 나누어 처벌규정 및 형량을 달리 정하고 있다.

사실과 다른 세금계산서가 수수된 경우, 아예 거래 자체가 없었던 가공거래인지 여부에 따라 처벌근거규정 및 형량에 큰 차이가 있다. 위 사안에서 A는 B의 명의를 빌려 세금계산서를 발급했으나 실제로 고철공급거래를 하였고 단지 발급명의자를 사실과 다르게 기재했을 뿐이므로 형량이 무거운 가공거래 세금계산서 수수죄의 적용을 피할 수 있었다.

유사한 사안으로 중간거래업체를 건너뛴 채 물품이 납품된 경우, 그러한 사실만으로 가공거래로 형사처벌할 수 없다는 판결도 있다.

사안은 이렇다. 당초 甲과 乙은 직접 물품공급거래를 하다가, 사업상 필요에 따라 丙을 개입시키기로 하고 '甲 → 丙 → 乙'의 구조로 거래를 개편하였다. 그 거래내용에 따라 각 단계별로 세금계산서도 수수되었다. 이에 대해 과세관청과 수사기관은 실제로는 물품이 중간거래업체인 丙을 건너뛴 채 '甲에서 乙'로 곧바로 인도되었다는 등의 이유로 丙이 개입된 거래를 가공거래로 보아 甲과 丙을 조세범처벌법상 가공거래 세금계산서 수수죄로 기소하였다.

그러나 법원은 물품의 실제 납품과정에서 중간거래업체를 거치지 않고 최종매수자에게 바로 배송되었다는 점만으로는 가공거래로 보기 어렵다고 하여 무죄를 선고하였다.

세금계산서 제도는 거래질서를 확립하고 과세를 위한 증빙자료를 제대로 확보하기 위한 데에 그 기본취지가 있다. 형벌권의 행사는 필요한 최소한도의 범위에서 그쳐야 한다는 점에서 위와 같은 제도의 취지에 본질적으로 어긋나지 않는 한 형벌권의 행사는 신중할 필요가 있다. 이러한 점에서 위에서 본 판례의 태도는 충분히 수긍할 수 있다.

'필요적 전치주의' 과연 타당한가

정재웅 변호사

얼마 전 일간신문에 기획재정부에서 조세쟁송에 관하여 임의적 전치주의에 대한 입법안을 검토했다는 내용이 보도되었다.

조세 쟁송에 있어서는 일반 행정소송에서 임의적 전치주의를 취하고 있는 것과 달리 필요적 전치주의를 취하고 있다. 즉 현행 국세기본법상 국세에 대한 불복쟁송은 행정소송을 제기하기에 앞서 국세청장에 대한 심사청구 또는 조세심판원에 대한 심판청구 중 어느 한쪽을 반드시 거치도록 되어 있다.

조세쟁송에 관하여 필요적 전치주의를 취하는 이유로는, ① 조세에 대한 처분은 대량적, 반복적으로 이루어진다는 점, ② 쟁점이 사실인정에 관한 것이 많아 간이하고 신속하게 처리되어야 할 요청이 강하며 그 대부분이 전심절차에서 비교적 용이하게 해결될 수 있다는 점, ③ 과세관청에 대하여 자기시정의 기회를 줄 수 있다는 점, ④ 조세법규의 해석은 전문적, 기술적 성격을 가진 것이 많아 전심 단계에서 논점을 정리하고 해석작용의 통일을 도모할 수 있으며 이를 통해 법원의 과중한 업무 부담을 덜어줄 수 있다는 점 등이 제시되고 있다.

얼핏 들으면 전부 그럴 듯하다. 그런데 과연 현실이 그러한가? 현재 국민 중 어느 정도가 과연 심판청구나 심사청구를 권리구제에 유용한 수단으로 인식하고 있는가? 하고 묻는다면 그 답은 결코 시원스럽게 나오지 않는다.

우선 국민의 입장에서 행정청의 자기 시정의 기회 부여나 법원의 업무부담 경감 등은 직접적인 관심사가 아니다. 이는 국가 업무의 적정한 처리에 관한 것이므로 조세쟁송에서 필요적 전치주의를 유지할 본질적인 이유는 되지 못한다. 현실적으로 행정청의 자기시정의 기회는 위와 같은 전심절차 이외에도 얼마든지 있으며, 법원의 업무 부담의 경감도 설사 그와 같은 측면이 있더라도 이는 다른 방법으로 해결되어야 한다. 무엇보다도 필요적 전치주의를 폐지하자는 논의는 전치절차를 아예 두지 말자는 것이 아니라 현행 지방세법에서와 같이 임의적 전치주의로 전환하자는 것이다. 그와 같이 임의적 전치주의로 운영되는 경우에 과연 법원의 업무부담이 얼마나 늘어날 것인가는 별도로 파악되어야 하고, 이는 결국 국민의 입장에서 전심절차의 유용성에 대한 판단으로 수렴될 것이다. 전심절차가 국민의 권리구제 수단으로 유용하게 기능하는 한 국민은 이를 이용할 수밖에 없기 때문이다.

결국 문제는 조세 쟁송에 있어서 전심 절차가 국민의 권리구제에 얼마나 유용한 것인지에 달려 있다. 그런데 현실은 전심 절차가 오히려 납세자의 신속한 권리구제에 장애가 되는 경우가 많다. 사안에 따라서는 신속한 권리구제가 생명인 경우가 있는데 이러한 경우 필요적 전치주의는 피하기 어려운 장애물이 될 수 있다.

현재 심사청구에 대한 결정을 하는 국세심사위원회와 조세심판청구에 대한 결정을 하는 조세심판원은 형식상 과세관청에 대한 독립성이 보장되어 있고, 나름대로 전문성을 갖추고 있으나 과연 그 권한행사에 있어서 실질적 독립성이 보장되어 있는가에 대해서는 의문이 들 때가 많다. 또한 어느 쪽도 사법절차에서와 같은 절차적 보장은 이루어지지 않고 있다. 거꾸로 그와 같은 절차적 보장이 이루어진다면 조세소송에 관하여는 사실상 4심제로 운영되는 결과가 되니 또 다른 헌법 위반의 문제가 발생하게 된다.

현행법상 심사청구나 심판청구의 결정기간 90일 이내에 결정의 통지를 받지 못한 경우에는 결정통지를 받기 전이라도 행정소송을 제기할 수 있지만, 행정소송이 제기된 경우 심사청구나 심판청구는 법원에 행정소송이 제기되었다는 이유로 충실한 심리를 받지 못할 위험이 있다. 이미 심사청구나 심판청구에 상당한 시간과 노력을 들인 납세자로서는 전심절차를 쉽게 포기하고 행정소송으로 나아가기도 쉽지 않다. 또한 1심 소송의 변론절차가 종결되기 전까지는 심사나 심판결정이 나와야 하므로 이를 기다리느라 1심 소송절차가 지연되는 경우도 왕왕 있다.

외국의 경우 미국이나 영국과 같은 영미법 국가에서는 아예 조세소송도 일반 사법절차에서 다루고 있으며, 대륙법 국가인 독일의 경우 간단한 이의신청절차로 전심을 대신하고 있다. 우리나라의 경우 지방세가 임의적 전치주의로 운영되고 있는데 그 운영에 특별히 문제점이 있다는 이야기는 들리지 않는다.

법원에 곧바로 조세소송을 제기할 것인지 아니면 국세청장에 대한 심사청구나 조세심판원에 대한 심판청구를 거친 후 조세소송을 제기할 것인지는 전적으로 수요자인 국민의 입장에서 판단되어야 한다. 그와 같은 논의에 있어서 혹시라도 공무원의 자리보장 등 기관 이기주의가 개입되어서는 안 될 것이다.

임의적 전치주의를 채택함으로써 납세자가 심사청구나 심판청구를 거치지 않고 곧바로 조세소송을 제기할 수 있도록 함으로써 헌법상의 신속한 재판을 받을 권리 등 납세자의 권리를 보다 충실하게 보호하는 것이 우리나라가 조세 선진국으로 가는 또 하나의 지름길이다. 아무쪼록 위와 같은 입법의 노력이 결실을 맺을 수 있기를 기대해 본다.

잘못 부과된 세금인데 못 돌려받는다고?

오태환 변호사

A는 2009년부터 2015년까지 자신에게 부과된 종합부동산세를 성실하게 납부해 왔다. 그런데 종합부동산세 과세대상 주택 등에 대하여 재산세로 부과된 세액이 있는 경우 일정한 금액을 종합부동산세액에서 공제하도록 되어 있는데, 그 공제세액의 계산 방식을 둘러싼 해석상의 다툼이 발생하였고, 대법원은 2015년 6월경 세무서의 공제세액 계산방식이 잘못되었다는 판결을 선고하였다. 그러자 A는 대한민국을 상대로 대법원에서 판결한 방식에 따라 다시 계산한 세액을 넘는 종합부동산세 부과는 무효이므로 그 세액을 돌려 달라는 소송을 제기하였다.

이에 대해 최근 대법원은 전원합의체 판결로 A에 대한 종합부동산세 중 공제세액 계산방식을 바로 잡은 앞선 대법원 판결이 선고되기 이전에 부과된 세금은 무효라고 보기 어려워 국가가 반환할 필요가 없다는 판결을 선고하였다. 왜 이렇게 판단하였을까?

오래전부터 법원은 조세부과처분이 무효가 되기 위해서는 그 처분에 위법사유가 있다는 것만으로는 부족하고 위법의 정도가 중대하고 명백하여야 한다는 법리를 형성해 왔는데, 공제세액의 계산방식에 관한 법령의 잘못된 해석은 이러한 무효사유에 해당하지 않는다고 본 것이다. 즉, 대법원이 2015년 6월 공제세액의 계산에 관한 법리를 명확하게 밝힌 판결을 선고하기 이전의 부과처분은 무효가 된다고 보기 어렵고, 판결 선고 이후에 비로소 하자가 중대하고 명백하게 되었으므로 그 이후에 이루어진 부과처분만 당연무효가 된다는 논리이다. 법리적인 관점에서 보면 이런 해석이 가능할 수도 있겠지만 일반인의 정서로는 결과를 납득하기 어렵다. 납부할 세금에 대해서는 세무조사 등을 통해 어떻게든 찾아내어 부과하면서, 분명히 잘못 납부된 세금이고 납세자로서는 과세관청의 판단을 존중하여 먼저 불복절차를 취하지 않은 잘못 밖에 없는데 이해하기 어려운 법리를 내세워 세금을 돌려 줄 수 없다는 것은 형평에 맞지 않고, 세무행정을 신뢰하여 성실하게 세금을 납부한 국민을 제대로 대우하는 것으로 볼 수 없기 때문이다.

위 대법원 전원합의체 판결에는 경청할 만한 반대의견이 있어 소개해 본다. 그 요지는 국가는 납세의무와 관련한 법령의 해석에 관하여 납세의무자보다 우월한 전문성을 보유하고 있으므로, 그 해석·적용에 다툼의 여지가 있다면 법령을 제정한 국가가 그로 인한 불이익을 감수하여야지, 해당 법령의 제정·적용에 관여하지 않은 국민에게 책임을 떠넘겨서는 안 된다는 것이다. 즉, 대법원이 공제세액의 계산방식에 관해 확립된 판결을 선고하기 전이라도 조세부과에 법적 근거와 합리성이 없다는 사정은 동일하므로, 위 사안에서 2016

년 5월 이전에 잘못 부과된 세금도 모두 A에게 돌려주는 것이 조세 정의에 부합한다는 것이다.

현재 법 제도상 조세부과처분의 위법함을 다투기 위해서는 원칙적으로 90일의 제소기간을 준수하여야 한다. 이를 지키기 못한 경우에까지 손쉽게 무효 주장이 받아들여진다면 조세법률관계의 신속한 확정을 목적으로 하는 조세불복제도의 취지를 퇴색시키고, 법적 안정성이 훼손될 우려가 있는 것도 사실이다. 그러나 과연 어떠한 가치를 더 존중할 것인지 그리고 그 조화의 접점을 어디에서 찾을지를 국민의 시각에서 재조명해 볼 필요가 있다. 국세기본법 제18조 제1항에는 '세법을 해석·적용할 때에는 과세의 형평과 해당 조항의 합목적성에 비추어 납세자의 재산권이 부당하게 침해되지 아니하도록 하여야 한다'고 규정하고 있다. 사후에라도 조세가 잘못 부과된 것이 명백하게 밝혀졌다면 원칙적으로 세금을 돌려주는 쪽으로 세무행정을 운영하는 것이 주권재민을 표방하는 민주국가의 바람직한 모습이 아닐까?

조세불복 소송에도 '골든타임'이 있다

　　A씨는 2015년경 외국계 회사의 한국법인 지사장으로 내정되었고, 외국계 회사는 국내 사업파트너와의 투자계약에 따라 2015년에 사업자금 38억 원, 2016년에 12억 원 합계 투자금 50억 원을 A씨의 개인계좌로 입금하였다. 그 후 관련 인허가 문제 및 국내 사업파트너와의 분쟁 등으로 한국법인의 설립이 지연되고 있던 중, 과세관청은 2016년 말경 해당 사업의 진척이 없는 사정 등에 비추어 위 투자계약을 허위로 보고 2015년 입금액 38억 원이 A씨의 개인소득임을 전제로 2015년분 종합소득세 19억 원을 부과하면서 A씨를 조세포탈죄로 고발하였다.

　　이에 대하여 A씨는 위 종합소득세 19억 원 부과처분에 대한 불복절차를 진행함과 동시에 조세포탈 형사소송에서도 무죄를 주장하였고, 2018년 말경 2015년에 A씨 개인계좌로 입금된 38억 원은 개인소득이 아니라 외국계 회사 소유의 투자금임이 밝혀져 조세포탈죄에 대한 법원의 무죄판결이 확정되었으며, 곧이어 2015년 종합소득세 19억 원 부과처분도 취소될 것으로 예상된다. 그런데 위와 같이 당초 종합소득세 부과처분 및 조세포탈죄에 대한 불복절차와 형사소송이 진행되던 중 2017년 말경 과세관청은 2016년에 A씨 개인계좌로 입금된 투자금 12억 원에 대하여 별도로 종합소득세 8억 원을 부과하였다. A씨는 동일한 성격의 투자금 50억 원 중 일부인 38억 원에 대한 불복절차 및 형사소송이 진행되고 있으므로 후속 부과처분 8억 원에 대하여는 별다른 조치를 취하지 않아도 된다고 판단하여 그대로 방치하였다. 그러나 나중에 확인한 결과 A씨는 형사소송 및 선행 부과처분에 대한 불복절차 승소에도 불구하고, 별개의 과세처분인 후속 부과처분 8억 원에 대하여는 불복절차를 제기할 수 있는 기한을 놓쳐 더 이상 위법성을 다툴 수 없다는 사실을 알게 되었다. 왜 이런 문제가 발생한 것일까?

기간과세인 소득세는 각 연도별로 발생하고, 과세처분에 대한 불복은 과세처분마다 각각 제기하여야 하며, 과세처분과 같은 행정처분에 대하여는 처분이 있음을 안 날로부터 90일의 불복기간 제한이 있기 때문이다. 따라서 어떠한 과세처분이 동일한 사실관계로부터 발생하였다고 하더라도 여러 장의 납세고지서를 통해 수 개의 과세처분이 이루어진 경우, 이에 대하여 불복하고자 하는 납세자는 각 과세처분에 대하여 반드시 90일 이내에 불복을 제기하여야 한다. 이와 같은 불복기한은 심장마비 직후 4~5분을 소위 골든타임이라 부르는 것처럼 과세처분에 대한 불복을 위한 골든타임인 셈이다.

이러한 90일의 불복기한을 놓친 경우 납세자는 일반적인 심판청구나 취소소송을 제기할 수 없고, 국가나 지방자치단체를 상대로 과세처분 무효확인소송 또는 부당이득반환청구소송을 제기할 수밖에 없다. 그런데 무효확인소송과 부당이득반환청구소송은 과세처분이 명백하게 사실을 오인하였거나 법률해석을 잘못함으로써 무효인 경우에 한하여 인용이 가능하며, 대법원이 제시하는 명백성의 기준이 매우 엄격하다는 점에서 취소소송에 비하여 그 인용가능성이 현저히 낮다.

이와 같이 당연무효의 요건을 매우 엄격하게 인정하여 위법한 과세처분의 효력을 그대로 유지하는 것이 바람직한지는 별론으로 하고, A씨에 대한 후속 부과처분의 경우에도 대법원이 제시하는 명백성의 기준을 충족하기는 어려워 보인다.

그렇다고 하여 법원에 의해 계좌입금액의 성격이 외국계 회사 소유의 투자금임이 확인된 상황에서 A씨로 하여금 후속 부과처분에 따라 8억 원이나 되는 세금을 그대로 부담하도록 하는 것은 누가 보더라도 부당하다. 그렇다면 A씨는 국가를 상대로 가능성이 희박한 무효확인소송이나 부당이득반환청구소송을 제기하는 방법 외에 후속 부과처분을 다툴 방법이 전혀 없는 것일까?

먼저, 생각해 볼 수 있는 방법은 통상적인 경정청구를 하는 것이다. 국세기본법은 납세자가 기존에 신고·납부한 세액이 정당한 세액보다 과다한 경우 5년 이내에 관할 세무서장에게 세액의 감액을 구하는 취지의 통상적 경정청구를 할 수 있도록 규정하고 있다. 통상적 경정청구는 기존 과세처분에 대한 불복기한 90일이 도과한 경우라 하더라도 경정청구의 요건을 충족하기만 하면 경정청구기간 5

년 내에 경정청구가 가능하다. 만일 A씨가 2016년 소득세 신고기간 만료일인 2017년 5월 31일 전에 소득세 신고를 하였다면, 2016년 입금액이 자신의 소득이 아니므로 과세대상이 아니라는 취지의 통상적 경정청구를 하고, 과세관청이 경정을 거부할 경우 그 거부처분에 대하여 90일 이내에 불복을 제기함으로써 우회적으로 후속 부과처분 8억 원에 대해 불복할 수 있다.

설령 A씨가 2016년 소득세 신고를 하지 않았다고 하더라도, 국세기본법에 규정된 후발적 경정청구를 고려해 볼 수 있다. 이는 당초 과세처분의 근거가 된 거래 또는 행위, 과세물건의 귀속 등이 법원의 확정판결이나 과세관청의 결정 등으로 인하여 다른 것으로 확정되었을 경우 납세자는 그 사유가 발생한 것을 안 날로부터 3개월 이내에 과세관청에 대하여 확정판결 등에서 확인된 사실관계에 따라 과세처분의 내용을 경정하여 줄 것을 청구하는 것이다. A씨의 경우 형사판결이 확정된 날로부터 3개월 이내에 2016년 종합소득세 8억 원 부과처분에 대하여 후발적 경정청구를 하고, 거부처분 시 그 거부처분에 대해 90일 내에 불복을 제기함으로써 구제를 기대할 수 있을 것으로 보인다.

다만, A씨의 형사판결에서 쟁점이 된 금액은 2015년에 입금된 38억 원이고, 2016년에 입금된 12억 원은 쟁점이 아니었다는 점에서 위 형사판결이 2016년 입금분 12억 원에 대한 후발적 경정사유에 해당하는지 여부에 관하여는 다툼의 소지가 있다. 그러나 경정청구 제도의 취지와 최근 경정청구의 범위를 넓게 인정하고 있는 판례의 추세 등을 고려할 때, 형사판결을 통해 외국계 회사로부터 A씨 계좌로 입금된 금원의 성격이 투자금이라는 사실이 확인되고, 2015~2016년 입금액 합계가 투자계약상 금액과 정확하게 일치하는 이상, 조세포탈 등 조세와 관련한 형사판결에 있어서도 과세표준 및 세액 계산의 근거가 된 거래 등과 다른 내용의 사실이 확인·확정된 경우에는 이를 후발적 경정사유로 인정하는 방안을 고려할 필요가 있다.

그럼에도 불구하고, 현실적으로 A씨가 위에서 언급한 절차를 통해 구제받을 수 있을지는 여전히 불확실하다. 이러한 납세자의 불안정한 지위를 해소하기 위해서는 궁극적으로 과세처분의 당연무효 요건을 완화하거나 과세관청에게 위법한 과세처분에 대한 법률상의 직권취소 의무를 부과하는 등의 방법으로 납세자의 재산권이 부당하게 침해되지 않도록 입법을 통해 해결하는 방안을 검토할 필요가 있다.

"세금이 이상한데요" … 혹 떼려다 혹 붙인다

정재웅 변호사

통상 불이익 변경금지 원칙이라 하면 형사사건에서 피고인이 상소한 경우 법원이 원심에서 선고된 형보다 중한 형을 선고할 수 없다는 원칙을 뜻한다. 그런데 지난해 연말 벌금형을 선고한 법원의 약식명령에 불복해 정식재판을 청구한 경우에도 적용되던 불이익 변경금지 원칙이 정식재판에서 벌금의 증액이 가능하도록 형사소송법이 개정됨으로써 그 적용범위가 줄어들었다. 일부 피고인이 형 확정을 지연시킴으로써 벌금형 집행을 회피하고, 불법 영업 등 위법행위를 연장하는 수단으로 정식재판 청구제도를 남용하는 것을 방지한다는 것이 개정취지이다.

불이익 변경금지 원칙은 세법에도 적용된다. 국세기본법 제79조 제2항은, 「조세심판관회의 또는 조세심판관합동회의는 심판청구를 한 처분보다 청구인에게 불리한 결정을 하지 못한다」고 규정하고 있다. 위 조항은 국세심사사무처리규정 제3조에 의해 국세기본법상 심사청구에 대한 결정에도 준용된다. 납세자 불복청구권을 실질적으로 보장하기 위한 것이다.

그런데 위 규정은 과세처분이 이전 단계인 과세전적부심사절차에는 적용되지 않는다는 것이 조세심판원의 입장이다. 즉 조세심판원은 과세예고 통지를 받은 납세자가 과세전적부심사 청구를 하고 그 결과 재조사 결정이 내려진 경우 과세당국은 재조사 결과를 토대로 이전의 과세예고 통지금액보다 더 큰 금액의 과세예고 통지를 다시금 할 수 있다는 입장을 취하고 있다.

이러한 입장에 따르면, 세무조사 결과 과세처분의 내용을 미리 통지받은 납세자가 그 내용에 이의가 있어 과세의 적법심사를 청구하고, 과세당국이 납세자의 이의가 이유 있다는 취지에서 재조사결정을 하였음에도, 납세자는 재조사를 통해 당초의 과세예고 통지금액보다 더 큰 금액의 과세예고 통지를 받는 경우가 생길 수 있게 된다.

실제로 필자가 수행한 사건 중에도 납세자가 과세전적부심사 청구를 하였다가 당초 과세예고 통지를 받은 금액보다 무려 10배 가까이 많은 금액의 과세예고 통지를 받은 경우가 있었다.

한마디로 혹 떼려다 혹을 붙인 격이 된 것이다. 그러나 위와 같은 조세심판원의 입장은 과세관청의 세무조사 결과를 미리 납세자에게 알려줌으로써 납세자가 과세전적부심사 청구를 통해 자신의 권익을 보호할 수 있도록 하기 위한 과세예고 통지와 과세전적부심사 제도의 취지를 몰각 시키는 결과가 아닐 수 없다.

법률을 통해 납세자의 불복청구권을 규정하면서 다른 한편으로 납세자에게 불이익하게 변경될 가능성을 열어 둠으로써 불복청구권을 자유롭게 행사할 수 없도록 하는 것은 불복청구제도 자체를 형해화하는 것이다.

　불이익 변경금지 원칙을 과세처분에 대한 불복절차 이외에 과세처분 이전 단계인 과세전적부심사절차에도 적용되는 것으로 국세기본법 제79조 제2항을 개정함으로써, 과세당국이 좀 더 신중하게 과세예고 통지를 하도록 하고, 그것에 대해 납세자가 자유롭게 불복청구권을 행사할 수 있도록 할 필요가 있다.

'나홀로 조세소송' …
"법원, 사법적극주의 입장변화 있어야"

정재웅 변호사

"원고, '피고가 2015년 10월 1일부터 2015년 11월 30일까지 한 세무조사에 기해 원고에게 부과한 세금을 모두 취소한다'라고 소장 청구취지를 쓰면 안되고, 조세부과일자, 세목(조세종류), 세액(세금액수)을 특정해서 소장 청구취지를 제대로 적어서 다시 제출하세요"

"청구취지를 제대로 써서 내야 법원이 재판을 할 수 있습니다. 청구취지를 어떻게 써야 되는지 스스로 찾아보시던가 아니면 변호사의 도움을 받으세요"

소송대리인의 도움 없이 직접 조세 소송을 진행하는 경우 실제 법원에서 흔히 볼 수 있는 광경이다.

법원은 소송당사자에게 '있었던 사실만 말하고 입증하라. 그러면 법원이 법에 따라 판단할 것이다'고 멋지게 얘기하지만 조세소송에서는 실상이 다른가 보다. 사실을 말하고 입증하기에 앞서 먼저 법원이 요구하는 형식에 맞게 소장 청구취지를 제대로 작성해야 하는 것이다.

그뿐만이 아니다. 조세부과처분이 무효임을 전제로 하여 이미 납부한 세금의 반환을 청구하는 경우에는 민사상의 부당이득반환청구로서 민사소송절차에 따라야 하기 때문에 행정법원에 소를 제기하면 안 되고, 반드시 민사법원에 소를 제기해야 하는데, 이 역시 제대로 알고 소송을 해야 한다.

국가로부터 잘못된 세금을 부과받고 가산세 부담을 피하기 위해 울며 겨자 먹기 식으로 세금을 납부한 것도 억울한데, 엄격한 조세소송의 방식과 절차를 지키고 따라야만 세금을 돌려받을 수 있는 것이다.

변호사의 도움 없는 나홀로 조세소송. 솔직히 현재 우리나라에서는 상상하기 어렵다. 10년 이상 소송을 해 온 노련한 변호사라고 하더라도 경험이 없으면 조세소송은 수행하기가 쉽지 않으니 일반인이 직접 법원에서 조세소송을 하는 경우의 어려움은 말할 필요도 없다.

그러면 현 제도하에서 일반인들이 변호사의 도움 없이 마음 편하게 직접 조세소송을 할 수 있는 방법은 없는 것일까?

그렇지 않다. 소장 형식이나 내용이 다소 허술하더라도 법원이 좀 더 적극적으로 나서서 그 취지를 명확하게 헤아려 과세 처분의 위법 여부를 따져 주면 된다.

행정소송법 제26조는 "직권심리"라는 제목으로, "법원은 필요하다고 인정할 때에는 직권으로 증거조사를 할 수 있고, 당사자가 주장하지 아니한 사실에 대하여도 판단할 수 있다"고 규정하고 있다.

예컨대 소송당사자가 '세무서가 2015년 10월 1일부터 2015년 11월 30일까지 한 세무조사에 기해 자신에게 부과한 조세를 취소한다'는 취지로만 청구취지를 기재한 경우에도 세무조사결과서, 납부고지서를 통해 세목과 세액을 특정한 다음 불복의 범위에 대한 당사자의 의사를 확인하고 직권으로 청구취지를 정리함으로써 소송을 진행할 수 있을 것이다.

사회구조가 복잡해지고 국민의 권리의식이 높아진 현대사회에서 법원이 좀 더 능동적으로 재판절차를 주재하는 사법적극주의로의 발상 전환이 필요하다. 이 경우 법원의 업무부담이 가중될 것이라는 걱정이 있지만 실제로 재판부의 노력과 성의만 있다면 전체적인 사건 진행은 오히려 신속하게 이루어질 수 있다.

최근의 정부의 적극적인 복지정책과 세원발굴 정책으로 인하여 국민들의 세부담은 그 어느 때보다 과중하다. 이러한 때일수록 국가가 국민들로부터 세금을 잘못 걷은 것이 확인되는 경우 법원은 소송의 방법과 형식을 고집하지 말고 적극적으로 앞장서서 다시 국민에게 세금이 반환될 수 있도록 해야 한다. 그것이 법원은 물론 과세행정 전반에 대한 국민의 신뢰를 한층 높이는 길이다.

소득과 소비에
관한 이야기

II

로펌변호사가 들려주는
세금이야기

어느 근로소득자의 용기 있는 도전

임승순 변호사

일본 판례 중에 대학교수로 근무하는 사람이 자신이 받는 급여와 관련하여 근로소득이 사업소득에 비해 차별을 받는다는 이유로 자신에게 부과된 근로소득세 부과처분의 취소를 구한 사안이 있다. 주장의 골자는 일본소득세법이 사업소득에 대하여는 필요경비의 공제를 인정하면서 근로소득에 대하여 이를 인정하지 않는 것은 불공평하고, 근로소득공제가 필요경비공제의 의미를 갖는다고 하여도 실제 경비 지출액이 근로소득공제액을 상회하는 경우에 초과분 공제를 인정하지 않는 것은 불합리하다는 점과 원천징수되는 근로소득의 세원(稅源) 포착률과 사업소득 등 신고납세대상인 소득의 세원 포착률 사이에 커다란 차이가 존재한다는 점 등이다.

이 사건은 일본에서 '샐러리맨의 소송'이라 하여 세간의 화제를 불러 모았는데 소화 41년(1966년) 소가 제기된 이래 소화 60년(1985년) 3월 27일 일본 최고재판소 판결이 있기까지 장장 20년 가까이 소송이 진행되었고 일본최고재판소는 최종적으로 다음과 같이 판단하여 원고의 청구를 기각하였다.

"⋯ 오늘 날 조세는 국가의 재정수요를 충족하는 본래의 기능 외에 소득의 재분배, 자원의 적정배분, 경기의 조정 등 여러 기능을 지니고 있고, 국민의 세부담을 정함에 있어서는 재정, 경제, 사회정책 등 국정 전반의 종합적인 정책판단을 필요로 할 뿐 아니라 과세요건을 정함에 있어서는 극히 전문적, 기술적인 판단을 필요로 한다. 그에 따라 조세법규의 정립은 국가재정, 사회경제, 국민소득, 국민생활등의 실태에 관한 정확한 자료를 바탕으로 하는 입법부의 정책적, 기술적 판단에 맡겨져 있고 법원은 기본적으로 그 재량을 존중할 수밖에 없다. 그렇다면 조세법 분야에 있어서 소득의 성질에 따라 취급을 달리하는 것은 입법목적이 정당하고 내용이 현저하게 불합리하지 않는 한 그 효력을 부정할 수 없고 그와 같은 구별을 헌법 제14조 제1항에 위반되는 것이라고 말할 수 없다. ⋯

근로소득자는 사업소득자 등과 달리 자기의 계산과 위험 아래 업무를 수행하는 것이 아니라 사용자가 정한 바에 따라 근로를 제공하고 제공된 근로의 대가로 사용자로부터 받은 급부를 수입으로 하는 것으로서 그 금액은 처음부터 일정액으로 확정되어 있고, 직장마다 근무 시설, 기구, 비품 등의 비용은 대부분 사용자가 부담하며, 근로소득자가 그 근무와 관련하여 비용을 지출하는 경우에도 각자의 사정에 따라 지출 형태나 금액을 달리하여 수입금액과의 관련성을 정확하게 파악하기 힘들 뿐 아니라 필요경비와 가사상 경비와의 구분 또한 곤란한 것이 보통이다. 그 밖에 근로소득자는 그 수가 대단히 많기 때문에 각자의 신고에 기초하여 실제의 필요경비를 개별적으로 공제하거나 개산(槪算)

II. 소득과 소비에 관한 이야기

공제와 선택하도록 하는 것은 기술적으로 상당히 어렵고, 그에 따라 조세징수비용의 증가를 면할 수 없으며 세무집행상으로도 적지 않은 혼란이 초래될 것으로 예상된다. 또한 각자의 주관적 사정이나 입증 기술의 차이에 따라 조세부담의 불공평을 초래할 우려도 있다. 소득세법이 근로소득의 필요경비에 관하여 실액공제를 배제하고 개산공제제도를 설계한 목적은 근로소득자와 사업소득자의 균형을 배려하면서 위와 같은 폐해를 방지하려는 것으로서 조세부담을 국민들 사이에 공평하게 배분함과 동시에 조세의 징수를 효율적으로 실현하고자 하는 조세법의 기본원칙에 비추어 위 목적은 정당성을 가진다고 말할 수 있다.”

이 사건은 비록 최종적으로 납세자의 패소로 귀결되었으나, 오랜 재판 기간 동안 일본 사회에 많은 화제를 제공하고, 근로소득자의 과중한 세부담에 대한 사회적 인식을 확산시켜 소화 60년대에 행해진 근본적 세제개혁에 커다란 영향을 끼친 것으로 평가되고 있다. 소송 도중 본인이 사망하였으나 상속인들이 소송을 승계하여 최고재판소 판결에까지 이른 것으로서 한 개인의 용기 있고 끈질긴 도전이 국가 세제 발전의 기초를 제공한 것이다.

우리나라에서도 근로소득에 관하여는 다른 소득과의 형평성의 관점에서 많은 논의가 있다. 기본적으로 근로소득은 세원에서 곧바로 원천징수되므로 탈세가 불가능하고 사업소득과 달리 실제 필요경비 공제를 인정하지 않으며 고율의 누진세율로 과세됨으로써 금융소득과 같이 저축과 투자 장려를 위해 상대적으로 낮은 세율로 분리과세되거나 상장주식의 양도와 같이 아예 비과세되는 소득에 비하여 분명히 과세상 홀대받아 온 측면이 있다. 반대로 이와 같은 세 부담의 형평성을 완화하기 위하여 매년 면세점과 소득공제액을 인상하다 보니 면세자 수가 지나치게 많아지는 부작용이 노출되고 있기도 하다. 그 밖에 과세구조가 복잡하고 비과세근로소득에 관한 구분이 불명확하다는 점도 근로소득 과세의 문제점으로 지적된다.

다시 일본 최고재판소 판결로 돌아가 위 판결을 보면서 생각나는 것이 두 가지 있다. 하나는 다른 분야도 마찬가지이지만 특히 조세분야 있어서 헌법적 사고의 중요성이다. 조세는 반대급부 없이 강제적으로 부과되므로 국민의 재산권 보장이라는 헌법적 가치와 첨예하게 대립하며 담세력에 따른 세 부담 공평의 요청은 헌법의 기본이념인 평등권과의 관계에서 매우 어려운 문제를 제기한다. 조세와 관련된 모든 사안의 바탕에 헌법적 문제가 깔려 있다고 볼 수 있다. '모든 거래의 바탕에 조세 문제가 깔려 있고 모든 조세 문제의 바탕에 헌법이 깔려 있다'고 보아 틀림이 없을 것이다.

다른 하나는 납세자의 문제 제기에 대한 일본 사법부의 자세이다. 사실 이 사건에서 제기한 납세자의 주장은 최고재판소 판결에서 언급된 바와 같이 여러 가지 제도적 난점 때문에 받아들여지기 어려운 상황이었다. 그럼에도 문제의 본질에 접근하여 20년 가까이 사안의 공정한 해결을 위하여 고민해 온 재판부의 진지한 자세는 매우 인상적이다. 그 과정이 근본적인 세제개혁으로 연결된 것도 결국 납세자의 용기 있는 도전과 그에 대한 사법부의 진지한 고민이 맺은 정당한 결실일 것이다.

뇌물도 '세금' 내야 하나?

전완규 변호사

　　지난번 대통령에 대한 탄핵과정에서 탄핵 성사 여부와 함께 재벌이 전직 대통령과 그 측근에게 뇌물을 건네고 특혜를 받았다는 의문이 사실로 밝혀질지, 그들에게 뇌물죄를 적용하여 처벌할 수 있을까 등이 초미의 관심사가 된 적이 있다.

　　더불어민주당, 국민의당, 정의당과 무소속 의원 등 171명은 대통령 탄핵소추안을 국회에 발의하면서 전직 대통령이 재벌에게 금품 출연을 강요하고 뇌물을 수수했다는 점을 탄핵사유에 포함시켰다.

　　이 시점에서 세법은 뇌물을 어떻게 취급하는가를 살펴보는 것 또한 의미 있는 일이라 생각된다. 과연 뇌물을 받은 자에게 세금을 부과하는 것이 가능할까? 결론부터 말하면, 뇌물에 대하여도 세금을 부과할 수 있다.

　　세법에서 뇌물은 위법소득의 한 유형으로 평가된다. 위법소득은 일반적으로 횡령, 수뢰 등 형사상 처벌되는 행위나 민사상 무효 또는 취소할 수 있는 행위로 인한 소득 및 법률상 요구되는 허가 등을 받지 않고 영업을 하여 얻은 소득 등을 포괄하는 의미로 사용되고 있다. 우리 판례는 위법소득에 대한 과세를 인정하고 있고, 미국, 독일, 일본 등 대부분 나라에서도 마찬가지이다.

특히, 우리 소득세법은 뇌물, 알선수재, 배임수재 등과 같은 범죄를 통해 받은 금품을 기타소득의 한 예로 규정하면서 과세대상으로 명시하고 있다(소득세법 제21조 제1항 23호, 24호). 뇌물 등과 같은 위법소득을 과세대상으로 삼는 것은, 그가 사실상 소유자나 정당한 권리자처럼 경제적 측면에서 현실로 이득을 지배·관리하고 있음에도 불구하고 이에 대하여 과세하지 않는다면 위법하게 소득을 얻은 자를 적법하게 소득을 얻은 자보다 우대하는 셈이 되어 조세정의나 조세공평에 반하기 때문이다.

그런데 뇌물이나 알선수재 또는 배임수재로 받은 돈에 대하여 형사사건에서 몰수나 추징이 이루어져 그 받은 이익의 전부 또는 일부가 회수된 경우에는 어떻게 될까? 이에 대하여 판례는 이처럼 몰수나 추징이 이루어진 경우 받은 경제적 이익에 내재되어 있던 상실 가능성이 현실화된 것으로 보아 과세대상에서 제외하고 있다(대법원 2015. 7. 16. 선고 2014두5514 전원합의체 판결). 우리 법은 일단 과세대상에 포함되었더라도 일정한 후발적 사유가 발생한 경우 소급적으로 이를 시정하도록 하는 경정청구제도를 두고 있는데, 판례는 뇌물 등으로 받은 돈이 몰수나 추징된 경우 여기의 후발적 경정청구사유에 해당된다고 본 것이다. 뇌물로 받은 돈을 과세대상으로 삼는 것이나 그 경제적 이익이 상실된 경우 다시 과세에서 제외하는 것은 세금은 적법한 노동의 대가나 윤리적인 제재가 아니라 담세력에 기초한 국가에 대한 경제적 급부라는 점에 착안한 것이다(다만, 횡령이나 배임으로 얻은 경제적 이익은 현재 우리 소득세법상 기타소득에 포함되어 있지 않고 있어 그것이 법인에 대한 소득처분을 통해 인정상여나 인정배당 등으로 취급되지 않는 한 과세대상에서 제외되어 있다).

뇌물은 애당초 소득에 대한 자진신고를 기대하는 것이 불가능하고 적발될 가능성도 높지 않은 반면 적발되는 경우 몰수나 추징이 필수적으로 수반되므로 결국 뇌물을 받는 자의 입장에서 보면, 어느 쪽이든 조세 부담은 문제되지 않게 된다. 이러한 상황이 투명하게 소득을 신고하는 납세자와 비교하여 조세정의적인 측면에서 공평한 것인지에 관하여는 일말의 의문이 남는다.

목사님도 세금을 내야 할까?

전완규 변호사

　최근 종교인 소득에 대한 과세를 둘러싸고 다시 논란이 일고 있다. 종교인 소득에 대한 과세 문제는 1968년 이낙선 초대 국세청장이 국민개세주의(國民皆税主義) 관점에서 종교인 소득에 대한 과세 입장을 밝힌 것이 계기가 되어 처음 공론화되었다. 그 후 50년 동안 논란 속에 있다가, 정부가 2015년 8월 종교인 소득에 대하여 과세하는 내용의 소득세법 개정안을 입법예고하고 국회가 2015년 12월 소득세법 개정안을 통과시켜 일단락되었다. 그러다가 최근 일부 국회의원들이 종교인 소득에 대한 과세를 2년 미루자는 법안을 발의하면서 다시 사회적 이슈가 된 것이다.

　2년 과세유예가 문제된 당초 소득세법 개정안의 요지는 '종교 관련 종사자가 종교의식을 집행하는 등 종교 관련 종사자로서의 활동과 관련하여 대통령령으로 정하는 종교단체로부터 받은 소득'을 소득세법상 기타소득으로 규정하면서 이러한 종교인 소득에 대하여 소득세법 제20조 제1항에 따른 근로소득으로 원천징수하거나 과세표준확정신고를 한 경우에는 해당 소득을 근로소득으로 보되, 2018

년 1월 1일부터 시행한다는 것이다.

구체적으로, 종교인소득에 대하여는 다른 소득과 마찬가지로 동일한 세율을 적용하되, 연소득 4,000만 원 이하에 대하여는 80%, 연소득 4,000만 원 초과~8,000만 원 이하에 대하여는 60%, 연소득 8,000만 원 초과~1억 5,000만 원 이하에 대하여는 40%, 연소득 1억 5,000만 원 초과에 대하여는 20% 한도 내에서 필요경비가 인정된다.

당초 예정대로 종교인 소득에 대하여 과세될 경우 연간 약 100억 원 정도의 세수증가가 예상된다. 2016년 한 해 동안 걷어들인 국세가 약 233조 3,291억 원, 그 중에서 소득세가 약 70조 1,194억 원, 근로소득세가 약 31조 9,740억 원인 점을 감안하면, 앞으로 걷어들일 것으로 예상되는 종교인 소득에 대한 소득세가 전체 국세나 근로소득세에 차지할 비율은 지극히 미미하다. 세수 확보 측면에서 보면 종교인 소득은 그리 매력적인 세원은 아니다.

그럼에도 종교인 소득에 대한 과세 문제가 사회적 관심을 끄는 것은, '소득 있는 곳에 과세 있다'는 사회적 공감대가 점점 확대되고 있으며 일부 종교인의 경우 일반인이 납득하기 어려울 정도의 높은 소득을 올리고 있기 때문이다.

2016년 국세통계연보에 따르면, 2015년 귀속 근로소득세 신고 인원 약 1,733만 명 중 결정세액이 없는 면세자는 약 810만 명이다. 우리나라 전체 근로소득자의 약 46.8%에 이르는 근로소득자가 소득세를 한 푼도 내지 않고 있는 것이다. 여기서 적어도 일년에 단 돈만 원이라도 소득세를 내도록 함으로써 사회 공동체 구성원으로서 최소한의 의무나 책임을 이행하도록 할 필요가 있다는 사회적 인식이 싹트고 있다. 이는 최근 막대한 재원을 필요로 하는 복지정책이 계속 확대되는 상황에서 비합리적 무임승차가 있어서는 안 된다는 생각과도 맥락을 같이 한다.

세금을 낼 능력이 전혀 없는 절대 빈곤층이 아니라면, 사회 공동체 구성원으로서 의무나 책임을 이행하는 것은 당연하다. 더불어 같이 사는 사회의 구성원이라면, 어떤 일을 하더라도 그 일을 통해 얻는 소득에 대하여 세금을 내는 것이 당연하다. 인간이 완벽할 수 없듯이, 인간이 만드는 새로운 제도나 정책 역시 문제점이나 부작용이 생길 수 있다. 큰 틀에서 입법에 대한 사회적 공감대가 형성되었다면 이런 저런 이유로 그 실행을 미룰 것이 아니라 일단 시행하면서 부족한 점을 보완해 나가는 사회적 용기와 지혜가 필요하다. 계층과 직역을 넘어서는 사회공동체 의식이 우리가 선진국으로 나아가는 데 있어 가장 필요한 요소일 것이다.

회사에서 받은 '사례금'도 세금 내나요?

오태환 변호사

　A는 회사에 입사하여 10여년간 근무하다가 징계해고를 당하자, 지방노동위원회에 부당해고 구제신청을 제기하여 원직 복직과 해고 기간 동안의 임금지급을 구하였으나 기각되었다. A는 중앙노동위원회에 재심신청을 제기하였는데, 중앙노동위원회의 심리 과정에서 회사와 화해를 하였다. 그 화해 조건은 징계해고 일자에 A와 회사 사이의 고용관계는 유효하게 종료되었고, 회사는 A에 대하여 분쟁조정금으로 6개월분의 임금을 지급하되, 양 당사자는 사건과 관련하여 향후 일체의 민·형사상 이의를 제기하지 아니하고, 화해내용을 외부에 절대 발설하지 않는다는 것이었다.

　위 사례에서 A는 회사로부터 받은 분쟁조정금에 대하여 세금을 부담하는가? 부담한다면 어떤 세목의 세금을 부담할까?

　우선 생각해 볼 수 있는 것이 근로소득세이다. 소득세법 제20조 제1항은 근로를 제공함으로써 받는 봉급·급료·보수·세비·임금·상여·수당과 이와 유사한 성질의 급여를 근로소득으로 규정하고 있다. 그런데 위 사례에서 A는 징계해고를 받은 일자에 고용관계를 유효하게 종료하기로 합의하였고, 징계해고 시점까지의 급여는 이미 모두 지급 받았을 터이므로, 중앙노동위원회에서 화해를 하면서 회사로부터 받은 돈은 근로관계가 유효하게 존속함을 전제로 지급된 순수한 근로소득으로 보기는 어렵다. 다만 당사자의 의사에 따라 분쟁조정 금원이 해고의 유효성에 관한 판단은 유보한 채 포괄적으로 근로관계를 종료시키기로 하는 새로운 합의에 기초하여 이루어진 것으로 볼 수 있다면 일종의 퇴직소득으로 볼 여지는 있다.

보통 위와 같은 사례에서 회사로부터 받은 돈의 성격이 비과세 대상인 '분쟁해결금' 또는 '위약금'이냐, 아니면 과세대상인 기타소득으로서의 '사례금'이냐가 다투어진다. 기본적으로 근로자의 입장은 전자이고 회사의 입장은 후자일 것이다. 분쟁해결금이란 일종의 손해배상금으로서 소득세법상 과세소득으로 열거되어 있지 않으므로, 세금에서 자유로운 돈이 된다. 이와 달리 사례금은 소득세법 제21조 제1항 제17호에서 기타소득으로 규정하고 있다. 사례금은 사무처리 또는 역무의 제공 등과 관련하여 사례의 뜻으로 지급되는 금품을 의미하고, 그 해당 여부는 금품 수수의 동기·목적, 상대방과의 관계, 금액 등을 종합적으로 고려하여 판단한다(대법원 2013. 9. 13. 선고 2010두27288 판결). 해고자가 회사의 전·현직 근로자에 대한 명예훼손성 행동 및 발언을 하지 않고 해고자 및 회사 사이의 일체의 분쟁을 조기에 해결하는 것에 대한 사례의 뜻으로 지급한 합의금이 사례금에 해당한다고 본 판례가 있다(서울고등법원 2016. 7. 20. 선고 2015누69371 판결[1]).

---

1 대법원에서 심리불속행 기각으로 확정되었다(대법원 2016. 10. 28.자 2016두48232

앞서 본 사례에서 대법원은 A가 복직 및 급여청구 등을 포기하여 향후 일체의 이의를 제기하지 않기로 하는 등 부당해고 구제신청과 관련분쟁을 신속하고 원만히 해결할 수 있도록 협조하여 준 데 대한 사례의 뜻으로 화해금을 지급받은 것으로 보아 기타소득 중 사례금에 해당한다고 판시하였다(대법원 2018. 7. 20. 선고 2016다17729 판결).

'소득 있는 곳에 과세한다'는 조세 격언이 있다. 힘든 근로를 제공하고 대가를 받는 경우에도 깨알 같은 과세가 이루어지는데, 경위와 어찌 되었든 분쟁과정에서 화해를 조건으로 상당한 돈을 받았다면 세금도 납부해야 하는 것이 당연하다. 회사의 입장에서 한 가지 유념해야 할 점은 근로소득이나 퇴직소득은 물론 기타소득도 원천징수의 대상이므로 사례금을 지급하면서 기타소득세 등을 원천징수하지 않는 경우 가산세의 추가 부담은 물론 조세범처벌법 제13조 제1항에 따라 1천만 원 이하 벌금의 형사처벌까지 받게 된다는 점이다. 분쟁을 원만하게 해결하기 위해 사례금을 지급하였는데, 예기치 않게 과세관청과의 분쟁으로 이어지지 않도록 주의를 기울일 필요가 있는 대목이다.

판결).

임원에게 주는 '퇴직금', 모두 퇴직소득인가

김용택 변호사

　　회사의 의사결정을 담당하는 임원들에게 퇴직금을 과도하게 지급할 경우 회사의 재정건전성에 부정적 영향을 미칠 수 있다. 이에 법인세법은 일반 직원들과 달리 임원에게 지급하는 퇴직금의 경우 정관에 근거하여 지급되는 퇴직금만을 손금으로 인정하고 있다.

　　미리 정관에 별도의 기준을 마련해 놓지 않으면, 임원이 퇴직하는 날부터 소급하여 1년 동안 해당 임원에게 지급한 총 급여액의 1/10에 일정한 근속연수를 곱한 금액만을 손금에 산입하고, 그 기준을 초과하여 지급되는 퇴직금은 손금산입을 부인하는 한편, 그 임원에게 상여금을 지급한 것으로 보아 별도로 소득세를 부과한다.

　　그렇다면 임원에게 지급하는 퇴직금이 정관이나 그 위임에 따른 퇴직급여 지급규정이 정한 기준에 따라 지급된 것이기만 하면 언제나 손금산입이 허용되는가?

　　이에 관하여는 그동안 논란이 많았는데 판례는 정관이나 퇴직급여 지급규정에 따라 지급된 퇴직금이라고 하더라도 일정한 경우 손금산입이 부인될 수 있다는 것으로 입장을 정리하였다(대법원 2016.

2. 18. 선고 2015두50153 판결).

　판례의 사안은 회사가 합병을 앞두고 정관의 위임에 따라 주주
총회 결의로 임원(이사 및 감사)에게 '퇴직 직전 3월의 평균임금 × 재
임연수 × 지급률(20배)'의 산식으로 계산한 퇴직금을 지급한다는 내
용의 '임원 퇴직급여 지급규정'을 마련하고, 그에 따라 합병 전에 퇴
직한 사주의 자녀들인 임원들에게 퇴직금을 지급한 경우였다. 위 지
급규정은 해당 임원들이 퇴직하기 몇 개월 전에 만들어지고, 임원들
의 월 급여가 위 규정 신설을 전후해 약 4~6배 인상되었던 결과, 해
당 임원들은 근속연수가 약 4년에 불과했음에도 약 18~20억원의
퇴직금을 받았으며, 이는 비슷한 시기에 퇴직한 다른 임원의 퇴직금
(약 3억원)보다 훨씬 큰 금액이었다.

　판례는 해당 퇴직급여 지급규정이 실질적으로 근로 등의 대가
로서 퇴직급여를 지급하려는 것이 아니라 퇴직급여의 형식을 빌려
특정 임원에게 법인의 자금을 분여하기 위한 일시적 방편에 불과하
다는 이유로 손금산입이 허용되는 임원 퇴직급여 지급규정에 해당하
지 않는다고 보았다.

　판례는 그 구체적인 판단기준으로 (i) 임원 퇴직급여 지급규정
이 종전보다 퇴직급여를 급격하게 인상하여 지급하는 내용으로 제·
개정되고, (ii) 그러한 제·개정에 영향을 미칠 수 있는 지위에 있거
나 그와 밀접한 관계에 있는 사람이 퇴직임원으로서 급격하게 인상
된 퇴직급여를 지급받게 되며, (iii) 그에 따라 지급되는 퇴직급여액
이 퇴직임원의 근속기간이나 근무내용 또는 다른 비슷한 규모의 법

인에서 지급되는 퇴직급여액 등에 비추어 볼 때 도저히 재직기간 중의 근로나 공헌에 대한 대가라고 보기 어려운 과다한 금액이고, (iv) 규정 자체나 법인의 재무상황 또는 사업전망 등에 비추어 그 이후에는 더 이상 그러한 퇴직급여가 지급될 수 없을 것으로 인정되는 등의 특별한 사정이 있는 경우여야 함을 제시하였다.

판례가 제시한 기준은 향후 임원 퇴직급여 지급규정의 효력 및 그에 따른 퇴직금의 손금 인정범위에 관한 중요한 판단기준으로 작용할 것이다.

퇴직금의 지급 상황은 회사에 대한 세무조사 시 과세당국이 반드시 들여다보는 사항이다. 회사의 입장에서는 임원 퇴직급여 지급규정을 개정하거나 임원의 급여를 인상할 때 판례가 제시한 손금부인기준에 해당하지 않도록 가급적 개정 또는 인상의 취지나 경영상 필요를 납득시킬 수 있는 관련자료를 충분히 준비할 필요가 있을 것이다.

'세법'을 바꾸면 '기부'가 늘어난다?

김용택 변호사

　　최근 기부금 공제방식을 세액공제에서 종전의 소득공제로 환원하는 내용의 소득세법 일부개정안이 국회에 제출되었다. 바른정당 이혜훈 의원은 개정안 발의 이유로 2013년 말 세법개정으로 기부금 공제방식이 소득공제에서 세액공제로 바뀜에 따라 고소득 기부자들의 세제혜택이 줄어 기부문화가 크게 후퇴했다는 점을 지적했다.

　　세금은 소득액, 즉 과세표준에 일정 세율을 곱해서 산출한다. 여기서 소득공제는 세율을 곱하기 전에 소득액 중 일정액을 빼주는 것을 말한다. 반면, 세액공제란 소득액에 세율을 곱하여 세액을 산출한 후 그 산출세액에서 일정액을 공제하여 납부할 세액을 산정하는 것이다.

　　박근혜 정부 출범 첫해인 2013년 말 정부는 직장인의 연말정산 특별공제의 주된 방식을 소득공제에서 세액공제로 전환했다. 이에 따라 세액공제방식으로 바뀐 특별공제 항목에는 의료비, 교육비, 보험료, 연금저축 등과 함께 기부금도 포함되었다. 종전에는 기부금을 소득액에서 공제해 왔는데, 2013년 소득세법 개정으로 산출세액에서 기부금의 15%를 공제하는 세액공제로 전환한 것이다. 이처럼 기부금 세액공제율이 15%로 정해지면서 소득세율이 15% 이하인 납세자는 종전과 동일한 금액을 기부하더라도 세부담에 변동이 없거나 오히려 줄어든 반면, 세율이 15%를 상회하는 고소득자의 경우 세금을 더 내야 하는 결과가 되었다.

아직까지 정부는 기부금이 경기상황 등 다양한 요인에 의해 영향을 받으므로 세액공제로의 전환에 의해 기부금액과 인원이 감소했다는 시각에 대해 부정적인 입장이다. 같은 맥락에서 소득공제로 환원한다고 하여 기부금액이 증가하리라고 예상하기 어렵다는 것이다. 한국조세재정연구원은 지난 5월 기부행위가 세제상 혜택보다는 심리적 동기나 경제적 형편에 좌우된다는 납세자들에 대한 설문조사결과를 발표하기도 하였다.

그러나 소득세는 누진세 체계로서 소득이 많을수록 고율의 세율이 적용된다. 그런데 일정 비율에 의한 세액공제방식은 기부자의 소득수준 및 이에 대한 세율을 고려하지 않으므로 누진세 체계에 맞지 않는다. 정부는 기존의 소득공제방식이 상대적으로 저소득자에게 불리하다는 지적에 따라 조세형평 제고차원에서 세액공제방식으로 전환하게 되었다고 설명하나, 납부할 세금에 누진율이 적용되는 것과 달리 기부에 따른 공제세액 계산에서 누진율을 적용하지 않는 것이 오히려 과세형평에 반하는 것이다.

세액공제방식으로의 전환이 국민들의 기부의욕을 감소시킬 것이라는 우려는 실제 통계자료에서 확인되고 있다. 국세청의 국세통계연보에 따르면, 국세청이 기부금 신고현황을 집계하기 시작한 2006년부터 2014년까지 신고된 기부금액이 매년 증가해 왔으나, 2015년부터 감소하기 시작했다. 기부금 신고자도 2013년에 약 88만 명 수준으로 2006년의 두 배 수준까지 증가하였다가 그 후 계속 감소하고 있으며, 소득세 신고대상자 대비 기부금 신고비율 역시 같은 추세이다.

2016년 개정 소득세법은 2,000만 원이 넘는 기부금은 30%의 세액공제를 하는 것으로 공제비율을 늘렸으나 연간 2,000만 원 넘게 기부한다는 것은 대다수의 납세자들과 거리가 있으므로, 이러한 개정만으로 기부문화에 관한 전체적인 분위기를 바꾸기는 어려워 보인다.

기부금은 사회취약계층을 돕는 등 국가재정으로 해결하기 어려운 일을 감당하는 순기능을 가지고 있다. 이에 대하여 세제 혜택을 강화한다는 것은 국가 역할의 증대를 의미한다. 기부금을 늘리기 위해서는 고소득자의 기부를 늘리는 방향으로 정책을 추진해야 한다. 이러한 측면에서 기부금 공제방식을 종전의 소득공제로 환원하기 위한 소득세법 개정 노력은 적절한 것으로 평가된다. 귀추가 주목된다.

"소득세 분명히 냈는데 또 내라고?"

국민들은 수입에 대하여 대부분 소득세라는 명목으로 세금을 납부하고 있다. 그런데 막상 내가 어떤 소득세를 부담하여야 하는지 명확하지 않은 경우가 많다. 직장에서 받는 '급여'에 대해 근로소득세를 납부해야 한다는 것은 상식이지만, '봉급' 혹은 '월급'이라고 생각되는 수입이라도 근로소득세가 아닌 사업소득세나 기타소득세를 부담하여야 하는 경우도 많기 때문이다.

소득세법에는 국내 거주자가 납부하여야 할 세금의 종류가 규정되어 있다. 이자소득, 배당소득, 사업소득, 근로소득, 연금소득, 기타소득 등이 그것이다. 이자, 배당, 연금은 대강의 의미를 이해하는 데 큰 어려움이 없지만, 근로소득, 사업소득, 기타소득은 세법상 납부할 세액이 달리 산정됨에도 그 구별이 쉽지만은 않다.

먼저, 근로소득은 지급형태나 명칭을 불문하고 성질상 근로의 제공과 대가관계에 있는 일체의 경제적 이익을 포함할 뿐 아니라, 직접적인 근로의 대가 외에도 근로를 전제로 그와 밀접히 관련되어 근로조건의 내용을 이루고 있는 급여도 포함된다(대법원 2008. 12. 24.

112

선고 2006두4967 판결). 이와 달리, 소득이 발생한 납세의무자의 활동 내용, 기간, 횟수, 그 밖에 활동 전후의 모든 사정 등을 고려하여 그것이 수익을 목적으로 계속적이고 반복적으로 이루어지는 것은 사업소득이다(대법원 2017. 7. 11. 선고 2017두36885 판결). 양자의 차이를 잘 구별할 수 있는 사례가 바로 골프장의 경기보조원이다. 골프장 경기보조원은 골프장을 찾은 고객들에게 경기안내와 보조라는 용역을 제공하고 캐디 피(caddie fee) 명목의 돈을 받는다. 경기보조원들은 근로소득과 사업소득 중 어느 쪽의 세금을 납부하여야 할까?

경기보조원이 골프장업체와의 관계에서 근로자인지 여부에 대해서는 오랜 기간 다툼이 있어 왔다. 현재 법원은 경기보조원을 근로기준법상의 근로자로 볼 수 없다는 입장이다. 결국 골프장 경기보조원은 캐디 피 수입에 대하여 근로소득세가 아닌 사업소득세를 납부하여야 한다. 비슷한 경우는 우리 주변에서도 흔히 볼 수 있다. 학습지 교사, 보험설계사, 레미콘 운송차주, 대학시간강사, 택배배달원, 전공의사 등의 직업이 근로자인지 여부에 대해 오랫동안 다툼이 있었고, 법원의 판단 결과에 따라 납부해야 하는 소득세 항목이 달라지게 된다.

또 하나의 예를 들어 보자. 사립대학교수가 학교에서 강의를 하고 받는 수입이 급여소득임은 큰 문제가 없는데, 외부에서 강연을 하고 받는 수입은 어떨까? 고용관계 없이 다수인에게 강연을 하고 받은 강연료에 대해 소득세법은 이를 기타소득의 하나로 취급하고 있다(제21조 제1항 제19호 가목). 그렇다고 대학교수가 받은 외부 강연료 수입이 예외 없이 기타소득은 아니다. 법원은 대학교수가 여러 회사의 직원들을 상대로 강연활동을 하면서 받은 수입이 대학으로부터 받은 근로소득에 비해 훨씬 많은 사례에서 그 용역대가를 기타소득이 아닌 사업소득으로 보았다.

세법이 이래서 어려운 것일까? 자칫 소득세 항목을 잘못 오해하면 기존에 납부한 세금은 무효가 되고, 다른 항목의 소득세를 다시 납부하여야 하며 여기에 가산세 제재까지 받게 된다. 이러한 예상하지 못한 손해를 피하기 위해 자신이 누군가로부터 받고 있는 여러 종류의 수입이 어떠한 성격을 가지는지를 사전에 전문가를 통해 한 번 점검해 볼 일이다.

부동산 양도 시 '세금폭탄' … 대처 방법은

김용택 변호사

아버지(갑·甲)가 소유하던 건물을 아들(을·乙)에게 넘겨주려면 어떤 방법으로 하면 될까? 무상으로 증여하거나 일정한 대가를 받고 매매하는 경우가 통상적이다. 이러한 경우 원칙적으로 각 증여세, 양도소득세 부과대상이다. 그런데 어떤 경우에는 증여세와 양도소득세가 함께 부과되는 경우도 있다.

예를 들어 갑이 을에게 근저당권이 설정된 건물을 증여하면서 그 근저당권의 피담보채무(대출채권 등)를 을이 인수하도록 하는 경우가 그렇다. 이를 법적으로는 '부담부증여'라 한다.

여기서 수증자가 증여자의 채무를 면책적으로 인수한 부분은 사실상 건물을 취득하면서 치른 대가로 볼 수 있다. 따라서 세법은 전체 증여재산가액 가운데 인수된 채무액에 상당하는 부분은 유상양도로 보아 양도소득세를 부과한다. 나머지 부분은 증여로 보아 증여세를 부과한다.

또 다른 예로 갑이 을에게 시가 10억 원의 건물을 6억 원에 저가로 양도하는 경우가 있다. 직계존·비속 등 특수관계인 사이에 재산을 저가로 양도하고, 그 가액과 시가의 차액이 3억 원 또는 시가의 5% 이상인 경우, 다소 가혹한 과세가 이루어진다.

위 사례에서 갑에게는 6억 원의 양도가액을 인정하지 않고 시가 10억 원으로 양도한 것으로 보아 양도소득세를 부과하는 한편, 을에게는 시가 10억 원과 취득가액 6억 원의 차액을 증여받은 것으로 보아 증여세를 부과한다. 갑과 을을 하나로 생각하면 시가와 양도가액의 차액에 대해 양도소득세와 증여세가 중복해서 과세되는 것이다. 사실상 이중과세인데 판례는 허용된다는 입장이다.

부담부증여와 저가양도는 양수인이 전체 시가의 일부분에 관해서만 부담을 지고 나머지는 무상으로 취득한다는 점에서 그 본질이 유사하다. 그럼에도 세법상 양자는 달리 취급되는 것이다.

갑과 을이 시가 10억 원의 건물 중 6억 원 상당은 매매하고 나머지 4억 원 상당은 증여하기로 합의한 경우에는 어떻게 될까?

계약자유의 원칙상 매매와 증여가 결합된 혼합계약도 원칙적으로 가능하다. 그러나 저가양도와 구별이 쉽지 않다는 문제가 있다.

만일 6억 원 매매와 4억 원 증여의 혼합계약을 인정한다면, 4억 원 부분에 대해 양도소득세는 문제되지 않고 증여세만이 부과될 것이다. 이와 달리 계약 형태에 불구하고 6억 원의 매매만이 있는 것으로 보아 저가양도로 취급한다면 갑과 을이 특수관계인인 경우 4억 원 부분에 대해 양도소득세와 증여세가 모두 부과될 수 있다. 증여공제의 문제를 함께 보아야 하지만 어쨌든 양자는 세액상 차이가 있고, 건물이 고가일수록 그 차이는 더 커진다.

실제 거래에서 6억 원 매매와 4억 원 증여가 혼합된 경우인지, 아니면 6억 원에 저가양도만이 있는 경우인지를 구별하는 것은 쉽지 않다.

그 때문인지 최근 법원은 납세자가 6억 원 매매와 4억 원 증여의 혼합계약에 따라 양도소득세와 증여세를 기한 내 자진 신고·납부했다고 주장한 사안에서, 증여의 존재를 인정하지 않고 저가양도로 보아 10억 원에 대한 양도소득세와 함께 4억 원에 대한 증여세를 부과해야 한다고 판단한 바 있다.

다만, 그 이유는 법리적인 측면이 아니라 4억 원 증여부분에 관한 증여계약서가 나중에 작성된 것으로 의심된다거나 매매만을 원인으로 하여 소유권이전등기가 이루어졌고, 금액만으로 구분되어 있어 그 중 증여부분이 목적물의 어느 부분인지를 특정할 수 없다는 등의 이유였다.

이러한 판례를 감안하면 일단은 유사한 거래를 하고자 할 경우 사전 법률 검토가 필요하다. 이러한 예측할 수 없는 세금폭탄을 피하기 위해서는 특수관계인 사이에 부동산을 시가보다 낮은 가격(시가와의 차액이 3억 원 또는 시가의 5% 이상)으로 양도할 경우 서류상 이를 명확히 해두는 조치가 필요하다. 구체적으로 증여 부분에 대한 증여계약서를 별도로 작성하고 증여계약서를 작성함에 있어서는 증여부분의 특정을 단순히 금액이 아니라 목적물 지분으로 표시하는 등 매매부분과 분명하게 구분될 수 있도록 하는 것이 필요할 것이다. 아울러 법정기한 내에 관련 증여세를 납부하는 것이 바람직하다.

비상장주식 잘못 거래하면 쪽박 찬다 … 왜?

　　최근 비상장주식에 대한 관심이 커지고 있다. 특히 새로운 재테크 수단으로 조명받으면서 투자수단으로 비상장주식을 고려하는 경우가 늘고 있다. 비상장주식에 대한 투자는 환금성은 떨어지지만, 발전가능성이 있는 우량기업을 잘 선택하는 경우 고수익을 얻을 수 있다는 점이 매력으로 작용한다.

　　그러나 비상장주식을 잘못 거래하면 거래가격을 넘어서는 세금폭탄을 맞을 수 있어, 거래가격 결정에 매우 신중을 기해야 한다.

　　상속세 및 증여세법은 비상장주식에 대한 평가는 원칙적으로 시가에 의하되, 시가가 없으면 이른바 '보충적 평가방법'에 의하도록 규정하고 있다. '보충적 평가방법'은 최근 3년간의 기업의 순자산가치와 순손익가치를 일정 비율로 가중 평균하여 비상장주식의 가치를 평가하는 방법으로, 재무제표를 통해 매우 손쉽게 평가할 수 있다.

　　세금을 부과하는 국가입장에서는 보충적 평가방법이 가장 간편한 평가방법이다. 그러나 세금을 납부하는 국민입장에서는 비상장주식에 대한 평가규정이 지나치게 간단하고 일률적으로 되어 있어 구체적인 경우에 비합리적인 결과가 자주 발생하고 그로 인해 비상장 주식의 평가와 관련된 법적 다툼이 빈번하게 발생하는 문제가 있다.

비상장주식은 대부분 거래시장 자체가 형성되어 있지 않고 매매사례가 거의 없어 시가가 존재하지 않는 경우가 많다. 이 경우 비상장주식에 대한 평가는 보충적 평가방법에 따를 수밖에 없는데, 비상장주식의 실제 가치가 보충적 평가방법에 의한 평가결과와 큰 차이가 있는 경우 예기치 않은 조세부담을 안게 된다.

비상장주식의 가치에 영향을 주는 개별적 요소는 매우 많고, 그중 기업의 미래 성장가능성은 주식 가치에 큰 영향을 준다. 하지만 보충적 평가방법은 재무제표를 통해 확인되는 기업의 과거실적을 평가자료로 삼을 뿐 기업의 미래가치는 평가에 직접 반영하지 않는다. 그로 인해 거래 당사자들이 합리적이라고 생각하는 거래가격과 보충적 평가방법에 따라 계산된 국가가 제시하는 거래가격 사이에 차이가 발생하게 되고, 그 결과는 불합리한 조세부담으로 이어지게 되는 것이다.

때문에 시가가 존재하지 않는 비상장주식을 거래하는 경우에는 거래 이전에 반드시 보충적 평가방법에 따라 주식가치를 평가해 보고, 그 결과가 실제 거래가격과 차이가 있으면 그 차이를 합리적으로 설명할 수 있는 방법이 있는지를 잘 살펴보아야 한다.

어느 나라에서든 비상장주식을 제대로 평가하는 것은 매우 어려운 과제로 되어 있다. 하지만 적어도 현재 우리 법이 취하고 있는 비상장주식에 대한 평가방법이 기업가치 평가요소의 다양성을 제대로 반영하지 못하고 있는 것은 분명하다. 미국과 일본 등 선진국가들이 통칙 등 실무기준 등을 통해 구체적인 사안에 적용할 수 있는 상세한 평가기준을 마련하고 있는 것은 우리에게 시사하는 바가 크다.

현재와 같이 과거의 실적이나 자산규모 등에 의존하는 획일적 평가방법을 넘어서 개별 기업의 특성에 맞는 다양한 평가방법을 제시하여 적합한 방법을 선별적으로 적용할 수 있도록 하는 유연성 있는 조치가 필요하다. 그동안 이 부분에 관한 많은 입법적 개선조치가 있었던 것도 사실이지만 좀 더 국민들의 피부에 와 닿는 구체적인 개선방안이 마련될 수 있기를 기대해 본다.

이혼 시 재산분할 … 세금 안 내도 될까?

오태환 변호사

누구나 행복한 가정을 꿈꾸며 결혼을 하고 자녀들을 키우며 살지만 현실은 그렇게 녹록하지 않다. 안타깝게도 우리나라 이혼율은 OECD 국가 중 9위 안에 들고, 아시아에서는 1위이다. 매년 10만쌍이 넘는 가정이 이혼으로 파탄을 맞고 있는 셈이다. 그런데 이혼하면서 다른 배우자에게 위자료나 재산을 분할해 주는 경우 조세 부담은 어떻게 될까?

예를 들어 보자. A는 B와 결혼을 하고 오랜 기간 혼인생활을 하면서 재산을 축적해왔으나 사업에 실패하여 많은 빚도 지게 되었다. 감당하기 어려운 빚으로 재산을 지키지 못할 상황이 되자 A와 B는 이혼을 하기로 하고, 당시 A가 가지고 있던 현금은 위자료로, 부동산 대부분은 재산분할로 B에게 양도하였다. 이 경우 세금문제는 어떻게 될까?

위자료는 정신적 피해에 대한 배상을 의미하는데, 이혼의 경우 이혼에 책임이 더 큰 배우자가 상대방에게 정신적인 고통을 준 것이므로 위자료를 지급하게 된다. 과거 민법상 재산분할이 인정되지 않던 시절에는 위자료 명목으로 금전뿐만 아니라 부동산을 이전하기도 하였다. 정신적 피해에 대한 배상 명목으로 위자료를 지급하면서 그것을 금전으로 지급하는 경우에는 조세 부담이 없다. 다만 증여세를 회피하기 위해 이혼한 것처럼 가장하거나 위자료 명목으로 과다한 재산을 이전한 경우에는 재산을 받는 쪽에서 증여세를 납부하여야 한다. 목적물이 부동산이라면 양도하는 쪽에서 양도소득세를 납부하여야 할 경우도 발생한다.

재산분할은 어떠한가? 민법 제839조의2는 이혼한 자의 일방은 다른 일방에 대하여 재산분할을 청구할 수 있도록 하여, 부부가 공동으로 형성한 재산을 기여도에 따라 분할할 수 있도록 하고 있다. 재산분할의 법적 성격에 대해서는 여러 논의가 있으나, 간단하게 '원래 내 재산'을 서로 분할해서 정리하는 것으로 이해하면 된다. 이러한 이유로 재산분할은 원칙적으로 조세의 부담에서 자유롭다. 재산분할을 받는 쪽에서 소득세, 증여세를 납부하지 않음은 물론 취득세도 세율의 특례가 적용되어 감면된다.[2] 양도소득세 역시 비과세이다.

이러한 이유 때문에 앞서 본 사례에서 많은 빚을 진 A가 이혼을 선택하면서 조세 부담 없이 대부분의 재산을 위자료나 재산분할 명목으로 B에게 이전하는 상황이 발생한 것이다. 그러나 세상 이치가 모두 마음먹은 대로 되지는 않는다. 최근 대법원은 "재산분할이 민법 제839조의2 제2항의 규정 취지에 반하여 상당하다고 할 수 없

---

2 과거에는 취득세는 비과세, 등록세는 과세되었다가 2010년 취득세와 등록세가 통합되면서 감면된 취득세를 납부하게 된 것이다.

을 정도로 과대하고 상속세나 증여세 등 조세를 회피하기 위한 수단
에 불과하여 그 실질을 증여로 평가할 수 있다면, 상당한 부분을 초
과하는 부분은 증여세 과세대상이 될 수 있다"고 판단하였다(대법원
2017. 9. 12. 선고 2016두58901 판결).

앞선 사례에서 A와 B의 결별이 법률상 부부관계를 해소하는 유
효한 이혼인지 아니면 가장이혼인지도 논란이 될 수 있다. 실제로
위 대법원 판결의 사안에서도 과세관청은 가장이혼으로 보아 증여세
를 과세하였으나, 대법원은 그렇게까지 보지는 않았다.

우리 사회가 한층 복잡해지면서 앞으로도 이혼율은 쉽게 꺾이
지 않을 것이고, 그 형태도 더욱 다양해질 것이다. 인간관계의 결별
은 어찌할 수 없더라도 조세문제만은 현명하게 대처하는 지혜가 필
요하다.

집 팔고 세금 안 내려고 이혼 … '꼼수' 통할까?

김용택 변호사

1세대 1주택의 양도는 양도소득세 비과세대상이다. 국민의 주거생활 안정과 거주이전의 자유를 보장하려는 취지에서 1세대가 국내에서 소유하던 1개의 주택을 양도하는 것에 대해서는 양도소득세를 부과하지 않는다.

여기서 '1세대'는 원칙적으로 거주자 및 그 배우자를 기본으로 하고, 이들과 생계를 함께하는 직계존비속 및 형제자매까지 포함하는 가족단위이다. 1세대를 구성하는 배우자는 원칙적으로 법률상 배우자를 의미하고, 배우자가 사망하거나 이혼하여 배우자가 없는 경우에는 혼자서 1세대를 구성하게 된다.

그런데 실제로는 부부로서의 공동생활을 유지하면서도 단지 양도소득세를 납부하지 않기 위해 서류상으로만 이혼하여 1세대 1주택 양도의 요건을 충족한 경우 비과세 혜택을 부여할 것인가? 최근 이에 관한 대법원 판결이 선고되어 주목을 받고 있다.

사안은 이렇다. 부부였던 A와 B는 혼인 중에 9채의 아파트를 보유하고 있었다. 그 중 1채는 A가, 나머지 8채는 B가 소유하고 있었다. 그러던 중 A와 B는 이혼하였고, 그로부터 얼마 되지 않아 A가 자신이 보유하던 아파트 1채를 처분하였다.

A는 아파트를 처분할 당시 B와 이혼한 상태였으므로 A 혼자 1세대를 구성하고, 아파트 1채만을 소유하고 있었으므로 소유한 아파트의 처분이 1세대 1주택의 양도에 해당하여 양도소득세 비과세대상이라고 주장하였다. 그러나 과세관청은 A와 B가 이혼 후에도 실질적으로 혼인관계를 지속하고 있었다는 이유로 양도소득세를 부과하였다.

이 사안에서 A와 B는 이혼 후에도 사실상 혼인관계를 유지하였고, 심지어 아파트를 양도하고 얼마 되지 않은 시점에 다시 혼인신고까지 하였음이 밝혀졌다. 만일 A와 B가 이혼하지 않았다면 대상 아파트의 처분에 대해 당연히 양도소득세를 납부해야 했을 것이다. 이러한 전후 사정에 비추어 보면, A와 B는 양도소득세를 회피하기 위해 단지 일시적으로 이혼한 것처럼 보이고, 이러한 경우까지 비과세혜택을 부여할 것인지가 문제된 것이다.

민사법상 실제로는 부부공동생활을 유지하면서도 일방의 채무에 대한 강제집행 회피 등 다른 목적을 달성하기 위해 이혼신고를 하는 이른바 '가장이혼'의 경우에도 일시적으로나마 법률상 부부관계를 해소하려는 의사로 상호 합의하여 이혼신고가 된 이상 유효한 이혼으로 취급되고 있다.

반면, 세법상 양도소득세 비과세여부와 관련하여, 과세관청은 부부가 이혼한 경우 각각 다른 세대를 구성한 것으로 보되, 다만 법률상 이혼을 하였으나 생계를 같이 하는 등 사실상 이혼한 것으로 보기 어려운 경우에는 여전히 1세대를 구성하는 것으로 해석해 왔다. 이 사안에서도 하급심 법원은 A와 B가 비록 법률상 이혼하였더라도 세법상으로는 함께 1세대를 구성하는 것으로 보고 양도소득세를 부과해야 한다고 판단하였다. 양도소득세를 면탈하기 위해 형식적으로만 이혼한 경우까지 비과세 혜택을 주는 것은 1세대 1주택 비과세의 입법취지에 어긋난다는 것이다.

그런데 대법원은 양도소득세를 회피할 목적으로 이혼하였다거나 이혼 후에도 사실상 혼인관계를 유지하였다는 사정만으로는 이혼을 무효로 볼 수 없다는 민사법상 법리를 그대로 받아들여 A와 B가 법률상 유효하게 이혼한 이상 법률상 배우자관계가 아니므로 1세대를 구성하지 않는다고 보았다(대법원 2017. 9. 7. 선고 2016두35083 판결). 이혼 등 가족법상 행위에 대해서는 비록 그것이 조세회피 목적에서 이루어졌어도 세법상 실질과세원칙을 적용하여 이혼의 효력을 부인할 수는 없다는 취지이다.

민사법적으로는 유효해도, 세법의 혜택을 부당하게 받기 위해 의도적으로 외관을 형성한 거래는 실질 내용에 따라 소득의 귀속 및 과세 여부를 판단하는 이른바 '실질과세의 원칙'이 적용된다. 위 사안처럼 애초부터 양도소득세를 회피하기 위해 일시적으로만 이혼하여 1세대 1주택의 외관을 만든 경우 민사법상 유효한 이혼으로 평가할 수는 있다. 그러나 이러한 민사법리와 별개로, 적어도 조세회피만을 위해 이혼의 외관을 형성한 경우에는 세법상 실질과세의 원칙에 따라 비과세의 혜택을 부여하지 않는 것이 가능해야 한다. 이것이 조세공평주의의 측면에서도 타당하다. 이러한 측면에서 이번 대법원 판결은 납득하기 어려운 점이 있었다.

그런데 2019년부터 시행된 개정 소득세법은 위 대법원 판결과 반대취지로 법률상 이혼을 하였으나 생계를 같이 하는 등 사실상 이혼한 것으로 보기 어려운 관계에 있는 사람을 1세대를 구성하는 배우자에 포함시키는 규정을 신설하였다. 이로써 앞으로는 세금을 안 내려고 가장이혼을 하는 경우 비과세혜택을 받을 수 없게 되었다.

가상화폐 사고 팔 때 세금 내야 할까?

정재웅 변호사

작년 이맘때쯤 가상화폐 광풍이 불었다. 24시간 거래가 가능하고, 가격 변동폭에 제한이 없는데다가 수익에 대한 세금 하나 없다는 얘기에 가상화폐에 관심을 가지지 않는 이가 드물었다. 투자를 하지 않은 필자도 가상화폐의 대표격인 비트코인이 무엇인지를 찾아보았던 기억이 난다. 특히 경제적 여유가 없는 청년세대들에게 가상화폐 투자가 '흙수저'를 탈출할 수 있는 통로로 인식되면서 가상화폐 거래량이 급증했고, 적지 않은 사람들이 가상화폐 투자를 통해 상당한 수익을 얻은 것으로 알려져 있다.

비트코인, 이더리움 등 블록체인 기술을 활용한 가상화폐는 전자지갑과 암호키를 바탕으로 국경 없이 사실상 전 세계적으로 거래가 가능하다. 아직까지 완전한 실명제가 이루어지지 못한 상황이어서 부의 편법적 대물림 수단으로 악용되거나, 외국보다 국내 거래가격이 비싼 경우가 많아 해외에서 매수한 가상화폐를 국내 거래소에서 매도함으로써 손쉽게 차익을 얻을 수 있음은 물론 세금을 내지 않고 다시 해외로 유출되는 등 탈세와 국부 유출의 수단으로 악용되기도 하였다.

가상화폐 거래가 지나치게 단기간에 급증하면서 그로부터 발생할 수 있는 여러 가지 문제점을 미리 예상하기는 어려웠다. 이는 국가도 마찬가지로서 정부는 위와 같이 가상화폐 거래가 급증하자 급히 국세청, 검찰청, 경찰청, 공정위, 금감원 등 규제기관이 모두 참여한 가상화폐 관계기관 합동TF를 만들어 가상화폐를 둘러싼 제반 문제점을 해소하기 위한 각종 대책을 수립하였다. 하지만 가상화폐 대책은 주로 투기수요 증가로 인한 시장과열을 막기 위한 규제적 측면에 초점이 맞추어져 있어, 블록체인 기술의 본질에 맞게끔 가상화폐 거래를 양성화하고 제도화하는 것과는 거리가 멀었다.

가상화폐 광풍은 가상화폐 투자를 통해 얻은 수익에 대한 과세제도가 미처 정립되지 못한 점에서 비롯된 측면이 크다. 가상화폐 관계기관 합동TF는 당시 가상화폐가 통화나 금융상품은 아니라는 것이 정부의 기본입장이라고 밝혔을 뿐 가상화폐의 본질이나 과세 여부에 대해서는 입장을 분명히 하지 않은 채 주요국의 과세동향을 고려해 과세 여부를 검토하겠다는 유보적 입장을 취하였다.

필자가 느끼는 아쉬움은 바로 이 부분에 있다. 통화나 금융상품의 개념상 가상화폐를 고유 의미의 통화나 금융상품으로 분류할 수 없음은 분명해 보인다. 또한 가상화폐는 소비의 대상이라기보다는 교환수단으로 기능하므로 소비세인 부가가치세의 특성상 부가가치세 과세대상으로 보기도 쉽지 않다.

정부로서는 가상화폐의 성격을 정확하게 파악하고 그 성격에 맞는 과세방법을 신속하게 결정하여 국내외적으로 과세공백이 발생하지 않도록 좀 더 노력했어야 하지 않을까 하는 아쉬움이 남는다.

조세제도가 기술발전을 앞질러 가기는 현실적으로 불가능하다. 때문에 지금까지는 기술의 발전으로 과세공백이 생기면 제도를 고쳐 과세공백을 메우는 일을 반복해 왔다. 비록 현실적인 제약으로 선제적 대응을 할 수는 없다고 하더라도 앞으로는 적기에 신속하게 대응하는 자세를 취할 필요가 있다. 4차 산업혁명의 시대를 맞이하여 가상화폐보다 더욱 발전한 기술에 터잡은 결과물이 지속적으로 나타날 것이다. 기술 상용화에 맞춘 신속한 과세제도 정비가 어느 때보다 필요하다. IT 강국 위상에 맞는 정비된 조세제도를 갖춘 조세강국을 그려 본다.

'터미네이터'에 세금을 물린다고?

전완규 변호사

세계 역사에는 우리가 예상하기 어려운 특이한 종류의 세금이 적지 않았다. 로마시대에는 로마 최초의 평민 출신 황제인 베스파시아누스가 유료공중화장실을 만든 후 유료공중화장실에 모인 오줌을 수거하여 사용한 섬유업자들에게 오줌세를 내게 했다. 그로부터 1,300년이 지난 14세기 초 프랑스에서는 필립 4세가 왕권강화를 위한 세원 확보 목적으로 창문의 수에 따라 부과하는 창문세를 만들기도 하였다. 창문세는 영국에서도 무려 150년 넘게 부과되었는데 이로 인해 영국에서는 창문세를 피하기 위해 창문 자체를 없앤 건물이 많이 나타나기도 했다. 러시아에서는 표트르 대제가 1698년에 서유럽식 풍습 및 제도의 일환으로 수염을 자르도록 하였으나 반발이 심해 수염을 기르는 자에게 수염세를 부과하였다. 유럽의 낙농국가인 에스토니아에서는 환경보전 차원에서 소를 키우는 사육농가에게 소방귀세를 부과하고 있다.

현대에도 특이한 세금이 거론되고 있는데 바로 로봇세이다. 로봇이 산업현장 곳곳에서 사람을 대신하게 되어 일자리 감소, 이로 인한 소득세 등 세수감소 문제가 나타나게 되자, 로봇에게도 사람처럼 세금을 부과하고, 그 세금을 일자리 감소 문제를 해결하는 데 사용하여야 한다는 것이 로봇세가 논의되는 배경이다.

　　로봇세는 일부 학자들만의 논쟁거리가 아니다. 세계 곳곳에서 유력인사나 단체가 이를 거론하고 있다. 빌 게이츠 마이크로소프트 회장은 작년에 "사람이 일을 하면 그 수입에 세금을 부과해 정부의 세수를 늘릴 수 있으나, 로봇은 일을 해도 세금을 내지 않는다. 로봇에 세금을 부과해 세수 부족을 충당해야 한다. 로봇세 도입으로 공정자동화의 확산을 늦추면서 우리 사회가 로봇으로 인해 발생하는 후폭풍에 대비할 준비를 해야 한다"고 밝히기도 했다. 세계경제포럼(WEF)은 로봇으로 710만개 일자리가 감소하고 새로 생기는 일자리는 200만개에 불과해 500만개 일자리가 사라진다고 전망함으로써 고용 관점에서 로봇이 우리 사회에 미치는 문제점을 분석했다. 유럽의회는 로봇세 도입 반대를 결의했으나 인공지능 로봇에게 전자인간이라는 법적 지위를 부여하는 로봇시민법 제정결의안을 통과시켰다. 지난 프랑스 대통령 선거후보 브누아 아몽은 로봇세 신설을 공약으로 내세웠다.

　　우리나라는 사정이 어떠한가? 우리나라는 세계 최초로 로봇세를 도입하였다는 평가를 듣고 있다. 정부가 작년에 생산성 향상시설 투자세액 공제를 축소한 것을 두고 말하는 것이다. 원래 조세특례제한법상 생산성 향상시설 투자세액 공제는 기업이 생산성을 높이는 첨단기계에 투자할 경우 일정한 투자액(대기업 3%, 중견기업 5%, 중소기업

7%)을 법인세에서 깎아 주는 것이었는데, 정부가 공제율을 대기업 1%, 중견기업 3%, 중소기업 7%로 줄였다. 본래적 의미의 로봇세는 로봇 등 첨단시설에 대하여 부과하는 세금을 의미한다. 생산성 향상 시설 투자세액 공제 축소는 로봇 등 첨단시설에 대하여 세금을 직접 부과하는 것이 아니어서 온전한 형태의 로봇세는 아니나 그동안 있었던 로봇 관련 세제혜택을 줄인다는 점에서 초기 단계의 로봇세로 평가 받을 만하다.

본래적 의미의 로봇세를 도입하기 위해서는 해결해야 할 장애물이 많으며 도입이 되더라도 꽤 오랜 시간이 걸릴 것 같다. 그렇지만, 세계 곳곳에서 로봇을 둘러싼 세금 문제가 사회적 이슈가 되었다는 것은 로봇세 도입이 이미 시작되었음을 의미한다. 예전에 인간과 기계와의 전쟁을 다룬 영화 터미네이터가 많은 사회적 관심을 받으면서 흥행한 적이 있다. 로봇세 역시 인간과 기계와의 전쟁이라고 할 수 있지 않을까, 세금 전쟁 말이다.

별장 보유, 1세대 1주택 비과세 혜택을 줄 것인가?

김용택 변호사

2000년대에 들어서 웰빙(Well-being)에 대한 관심이 높아지면서 답답한 도시를 떠나 쾌적한 주거환경에서 거주하고자 하는 수요가 증가하고, 이러한 현상을 반영하여 도시외곽지역에 전원주택의 건설, 취득이 급증하였다. 이러한 전원주택이 별장에 해당하는지, 해당한다면 세금은 어떻게 부과되는지에 관하여 논란이 있던 중, 근래에는 전원주택이 아닌 통상적인 2주택 보유자가 양도소득세 부담을 줄이기 위해 2주택 중 1채를 별장으로 수정하여 신고하는 사례가 있다는 언론기사가 있었다.

별장의 취득 및 보유에 대해서는 취득세와 재산세가 주택보다 중과되므로 주택을 별장으로 수정 신고하는 경우 취득세와 재산세를 추가적으로 부담해야 한다. 그럼에도 2주택자가 주택 2채 중 1채를 별장으로 신고하는 이유는 별장이 주택으로 취급되지 않아 1세대 1주택자로서 양도소득세 비과세 혜택을 받을 수 있고, 그 이익이 취득세 등을 추가 납부하는 불이익보다 유리하다고 보기 때문일 것이다.

1세대 1주택의 양도는 양도소득세 비과세대상이다. 여기서 1세대가 보유하는 주택의 수를 계산할 때 별장이 포함되는지에 관하여 논란이 있어 왔고, 종래 과세실무에서는 별장을 주택이 아니라고 보아 보유 주택수에서 제외하고 다른 주택 1채만 보유하다가 그 주택을 양도한 경우 비과세대상으로 본 사례도 일부 있었다.

세법에서 주택은 허가 여부나 공부상 용도구분에 관계 없이 사실상 주거용으로 사용하는 건물을 말한다. 판례는 일시적으로 주거가 아닌 다른 용도로 사용되고 있더라도 그 구조·기능이나 시설 등이 본래 주거용으로 주거에 적합한 상태에 있고 주거기능이 그대로 유지·관리되고 있어 언제든지 본인이나 제3자가 주택으로 사용할 수 있는 경우에는 주택으로 해석한다. 따라서 사실상 주거용으로 사용할 수 있는 건물은 대부분 주택에 포함된다.

한편, 별장은 주거용 건축물 중 상시 주거용으로 사용하지 않고 휴양, 피서, 위락 등의 용도로 사용하는 것을 말한다. 이처럼 별장은 본래 주거용 건축물이라는 점에서 주택의 일종으로 볼 수 있는데, 상시 주거용으로 사용하는 것이 아니라 일시적 휴양 등을 위한 것이라는 점에서 세법은 일반 주택 보다 고율의 세금을 부과하고 있다.

그런데 주택과 함께 별장도 보유한 사람에 대해 별장을 주택수에서 제외하여 1세대 1주택자로 보아 비과세 혜택을 줄 것인가? 최근 이에 관한 판례가 있었는데, 결론부터 말하면 1세대 1주택자에 해당된다고 볼 수 없다는 것이었다(서울고등법원 2018. 3. 27. 선고 2017누86271 판결3).

---

3 대법원에서 심리불속행 기각으로 확정되었다(대법원 2018. 7. 12.자 2018두41051 판결).

사안은 이렇다. A는 서울에서 아파트를 보유하다가 양도하였는데, A는 이 아파트 외에 다른 주택이 없음을 들어 1세대 1주택 비과세대상으로 양도소득세를 납부하지 않았다. 그런데 과세관청은 A의 배우자가 양도일 현재 양도대상 아파트와 별개로 다른 지역에서 연립주택을 보유하고 있었다는 이유로 A가 포함된 1세대가 2주택을 보유하고 있어 비과세대상이 아니라고 보아 A에게 양도소득세를 부과하였다.

A는 배우자의 연립주택을 별장으로 사용하고 있는 점을 들어 1세대 1주택자에 해당한다고 주장하였으나, 법원은 당해 연립주택이 본래 주거용으로 건축되어 그 주거기능이 그대로 유지·관리되고 있어 언제든지 주택으로 사용할 수 있으므로 단지 현재 이를 별장 용도로 사용하고 있다는 점만으로 보유 주택수에서 제외된다고 볼 수 없다고 판단하였다.

결국, 보유 주택 중 일부를 별장으로 사용하였다는 점만으로는 1세대 1주택 보유로 인한 양도소득세 비과세 혜택을 받기 어렵다. 이러한 경우 양도소득세 비과세 혜택은 받지 못하면서, 오히려 별장으로 수정신고한 것으로 인해 별장에 상응하는 고율의 재산세 등을 부과받는 등 세금부담이 커질 수 있다는 점을 유의할 필요가 있다. 다만, 통상적인 2주택자가 아닌 도시외곽지역에 건축된 전원주택을 별장으로 보유한 경우에는 여전히 논란의 여지가 남아 있다.

증권거래세 인하 논의, 세제 단순화로 이어져야

이경진 변호사

    매년 이맘때쯤 미국 네브라스카주 동부에 있는 작은 도시 오마하에서는 축제가 열린다. 올해도 버크셔 해서웨이 주주총회에 전세계에서 4만여 명의 주주와 기자들이 몰려왔다. '오마하의 현인' 또는 '투자의 재림 예수'로 불리는 워렌 버핏 회장과 그의 동업자 찰리 멍거 부회장 및 참석자들은 7시간 넘게 최근 투자 상황에 관하여 유머와 지혜가 넘치는 토론과 질의응답 시간을 가졌다. 세계 경제를 이끌고 있는 미국의 슈퍼파워는 혁신적 기업이 주식시장을 통해 건강한 자금을 쉽게 조달할 수 있기 때문에 가능하다. 오마하의 축제는 현대 자본주의 사회 주주총회의 모범이라 할 만하다.

    우리나라에서는 뉴스미디어 등의 영향으로 주식투자를 경마장 투기나 카지노 도박과 같은 급으로 취급하는 풍토가 있어 건전한 투자를 통한 경제 발전에 걸림돌이 되어 왔다. 그런데 최근 우리나라에서도 주식거래가 경제발전에 중추적인 역할을 한다는 인식이 확산되고 그에 따라 주식의 거래세와 양도소득세에 관한 논의가 활발하게 이루어지고 있다. 경제발전을 희망하는 사람들로서는 환영할 일이다.

 2019년 4월에는 '주식시장 관련 바람직한 세제개편 방안 토론회'가 열렸다. 2019년 6월 3일부터 23년 만에 처음으로 인하되는 증권거래세와 관련하여 위 토론회에서는 거래세 인하에 대한 여러 가지 방안이 논의되었다. 우리나라 주식과세에 일관성이 없어 개편이 필요하고, 증권거래세의 단계적 폐지 또는 인하가 필요하다는 주장이 눈길을 끈다. 현재 우리나라 증권투자 소득세제는 금융상품별, 금융소득별로 차별과세가 이루어지고 손익통산이 허용되지 않아 조세중립성이 저해되므로, 과세체계를 금융상품간 손익을 통합해 이익이 나는 경우에만 과세하고 투자손실에 대해서는 이월공제를 허용해 장기투자를 유도해야 한다는 견해, 증권거래세와 자본이득세(양도소득세)를 둘 다 과세하는 나라는 거의 없고 많은 나라가 증권거래세보다 자본이득세로 과세하고 있으므로 증권거래세를 폐지하자는 의견 등이 발표되었다. 모두 경청할 만한 의견이라고 생각된다.

 주식의 거래세와 양도소득세의 개선방안에 관해 생각해 보기 위해서는 현재 주식에 대한 과세가 어떻게 이루어지고 있는지 알 필요가 있다. 먼저 국내 주식에 관하여 살펴보면, 주식매매시 거래세(현재 세율은 유가증권시장 0.15%, 코스닥·코넥스 0.3%, 비상장주식 0.5%)를 납부하고 일정한 경우(주권상장법인의 주식 중 대주주 및 비상장주식의 양도)를 제외하고는 양도차익에 대하여 과세를 하지 않는다. 배당에 대하여는 금융소득에 대한 과세가 이루어진다. 또한 자본차익을 포함하는 ELS, 펀드 등 환매소득은 양도소득이 아닌 배당소득으로 과세가 되는데 이 경우 손실이 인정되지 않아 경제적 실질이 양도소득임에도 동일 과세기간 내 투자이익과 통산되지 않는다. 상장주식펀드로 들어가면 더욱 복잡하여 국내 주식형 ETF는 비과세지만 파생상품이나 원자재에 투자하는 국내 ETF는 배당소득세로 과세하는 등 과세방식이 상이하다. 또한 주식 투자에 따른 이익 여부와 관계없이 주식을 팔 때 증권거래세를 납부하여야 하므로 투자 손실을 본 사람도 거래세를 납부해야 한다.

한편, 해외 주식의 경우 국내 주식과는 다른 세금이 적용된다. 가장 큰 차이점은 국내 주식의 경우 대주주 주식 및 비상장주식 양도 외에는 양도소득세를 내지 않지만 해외 주식은 모든 주식의 양도차익에 대하여 세금을 내야 한다는 것이다. 또한 같은 과세연도에 양도차손이 발생한 경우 통산하여 신고할 수 있다. 이외에 우리나라와 달리 미국, 일본 등에서는 증권거래세와 같은 거래세가 따로 부과되지 않는다.

그렇다면 거래세 과세와 자본이득세(양도소득세) 과세 체계는 서로 어떠한 관계가 있을까? 거래세 인하나 폐지를 주장하는 측은, 주식 거래에 대해 양도소득세와 거래세를 동시에 과세하는 것은 이중과세라는 점, 주식을 거래하여 손실이 났을 경우에도 거래세를 과세하는 것은 소득이 있는 곳에 세금이 있다는 과세 원칙에 부합하지 않는다는 점, 미국·일본 등 금융선진국들은 주식의 양도차익에 대한 과세와 별도로 거래세는 부과하지 않으며, 이로 인해 자본시장이 활성화되고 있다는 점을 근거로 내세운다. 이와 달리 거래세 인하나

증권거래세 인하 논의, 세제 단순화로 이어져야

폐지에 소극적인 측은 정부의 세수 감소 가능성, 단타매매 등 단기 투자의 증가, 기관투자자와 외국인에게 혜택이 돌아가 불평등한 세금감면 효과를 우려한다.

주식거래에 따른 거래세 인하로 향후 주식 양도소득세 과세체계의 변화도 예상되고 있으나 그 속도와 방향은 유동적이다. 거래세 인하나 폐지에 따른 세수감소를 우려해 주식 양도소득세의 세율을 단시일 내에 높게 설정한다면 주식시장을 위축시키고 오히려 세수가 증발하는 결과를 낳을 수 있기 때문이다.

결국 거래세와 자본이득세는 국가가 처한 경제적 상황에 따라 상호간에 균형을 이루는 접점에서 규율될 필요가 있다. 세제개편을 통한 자본시장의 활성화는 국가 경제 발전 및 국민의 노후 생활과 직결되는 현실적으로 매우 중요한 문제이다. 따라서 거래세를 얼마나 더 낮출까에서 그칠 게 아니라 향후 복잡한 세제를 어떻게 단순화할지 고민하고, 중장기적 방향을 명료하게 제시하는 과세체계 개편이 필요하다. 주식에 대한 단순 명료한 과세체계가 경제 발전의 기초가 되어 우리나라에서도 매년 진달래와 철쭉이 필 무렵이면 '총회꾼'이 큰소리 치는 주주총회가 아니라 주주들의 축제가 벌어졌으면 좋겠다.

당신이 자신도 모르게 내고 있는 세금

정종화 변호사

2018년 개정세법 중 가장 눈에 띄는 부분은 소득세와 법인세의 최고세율 인상이다. 종래 5억 원 초과분에 대해 40%이던 소득세 최고세율과 200억 원 초과분에 대해 22%이던 법인세 최고세율이 2018년부터 각각 5억 원 초과분에 대해 42%, 3,000억 원 초과분에 대해 25%로 인상되었다.

소득세와 법인세는 법률상 납부의무자와 경제적 담세자가 동일한 직접세로서 소위 '알고 내는 세금'이다. 직접세는 납세의무자의 부담능력에 따른 응능과세 원칙이 적용되며, 그 대표적인 수단이 누진세제이다. 소득이 많은 사람은 적은 사람보다 더 많은 소득세를 내고, 고급 승용차를 타는 사람은 가격이 싼 자동차를 타는 사람보다 더 많은 자동차세를 낸다.

직접세와 달리 '잘 모르고 내는 세금'으로서 간접세가 있다. 간접세란 법률상 납부의무자와 경제적 담세자가 일치하지 않는 세금을 말한다. 대표적인 것으로 부가가치세가 있다. 부가가치세는 물건을 파는 자가 납세의무를 부담하지만, 판매자는 10%의 부가가치세가 포함된 물건 값을 소비자로부터 수령함으로써 그 경제적 부담주체는 소비자가 된다. 통상의 경우 소비자들은 자신들이 부담하는 부가가 치세를 그냥 물건 가격의 일부로 느낀다.

간접세는 '모르고 내는 세금'인 만큼 조세저항이 적고, 징수가 용이하여 국가의 재정확보에 도움이 된다. 이러한 점 때문에 간접세 는 숨은 증세 수단으로 이용되기도 한다. 실제로 2015년의 담배세 인상은 표면적으로 금연을 통한 국민의 건강증진을 목적으로 내세웠 지만, 그 이면에는 세수확보의 목적이 있었음을 부인할 수 없다. 실 제로 2015년 담배세 세수는 전년보다 3조 5,600억 원이 늘어난 10 조 5,000억 원으로 법인세 수익액 45조 원의 약 4분의 1에 달했다.

간접세는 소득 규모와 관계없이 담세자에게 동일한 세금을 부 담시킨다는 점에서 역진세의 기능을 한다. 상당수의 간접세들이 우 리의 일상생활과 뗄 수 없는 관계에 있다는 점에서 저소득층의 세부 담을 증가시키는 동시에 소득재분배를 악화시킨다. 담배 한 갑, 소주 한 병을 사기 위해 재벌 총수이든 일용직 노동자이든 동일한 액수의 담배세와 주세를 부담하는 것이다.

일반적으로 조세징수시스템이 발달된 선진국으로 갈수록 직접세 비율이 높고, 개발도상국이나 후진국에서는 간접세 비율이 상대적으 로 높다. 우리나라의 경우 2015년 기준 간접세 비중이 42.7%로서 OECD 회원국 평균인 48.4%에 비해 5.7% 낮은 것으로 나타났다.

모든 일이 그렇듯 직접세와 간접세 역시 양자의 조화가 중요하 다. 최근 정부가 소득세와 법인세 최고세율을 신설함으로써 고소득층에 대한 과세를 강화하였으나, 소득세나 법인세를 한 푼도 내지 않는 사람이나 기업이 전체 납세의무자의 약 50%에 육박하는 점을 고려하면 이러한 조치가 형평에 맞는지는 고려해 볼 일이다. 저소득층이나 영세기업에 대하여도 생계나 경영에 지장을 주지 않을 정도의 상징적인 금액의 소득과세를 함으로써 헌법상 의무인 납세의무의 이행을 제고할 필요가 있다. 어쨌든 간접세의 경우 그 역진성에 비추어 인상을 최대한 신중히 할 필요가 있다. 특히, 현재 우리나라가 겪고 있는 급격한 출산율 저하와 고령화에 따른 미래의 재정수요를 감안하면, 간접세의 인상은 이러한 때를 대비하여 남겨두는 지혜가 필요하다는 생각이다.

흰 우유엔 없고 딸기우유엔 있다?

전완규 변호사

우리는 평소 물건을 사고팔면서 생활한다. 여기에는 필연적으로 세금문제가 함께 한다. 하지만 우리는 대부분 '물건을 사고 판다'고만 생각할 뿐 그 속에 세금이 깊게 자리잡고 있다는 사실을 간과한다.

예를 들어, 편의점에서 과자나 음료수를 사는 경우에도 세금을 낸다. 하지만 이때 내는 돈이 과자나 음료수를 구입한 대가라고만 생각한다. 세금이 포함돼 있다는 사실을 간과한다. 물건 값과 세금을 구분하지 않고 물건 값에 세금을 포함해 받고 있기 때문이다.

지금과 같은 사회적 여건이나 환경에서는 일상생활을 하면서 세금을 느끼기 어렵다. 이를 해결할 수 있는 방법 중 하나로 '물건 가격의 표시방법을 바꾸는 것'을 생각해 볼 수 있다.

가격 = 물건값(공급가액) + 세금(부가가치세)

매장에서 물건을 구입하는 경우를 생각해 보자. 매장 진열대의 물건 옆에 적혀 있는 금액은 물건 가격과 세금이 합해진 금액, 즉 세법상 공급가액과 부가가치세를 구분하지 않고 둘을 합한 금액이다. 영수증을 자세히 살펴보지 않으면 구입하는 물건의 대가에 부가가치세라는 세금이 포함돼 있다는 사실, 즉 물건의 대가 이외에 부가가치세를 따로 지급한다는 사실을 모른 채 지나칠 수 있다.

반면에, 매장 진열대에 물건 가격만 적어 놓으면, 계산할 때 세금을 따로 내야 하니, 매장에서 본 물건 가격보다 더 많은 금액을 지급해야 한다. 세금의 존재를 피부로 확실히 느낄 수 있다.

이런 사회시스템에서는 초등학생조차도 물건을 살 때 '이 물건을 사면 세금을 얼마 내고, 물건 값과 세금을 합해 총 얼마를 지출하는구나'라고 생각할 수밖에 없다. 물건 가격과 세금을 구분하는 습관이 자연스럽게 몸에 밴다.

이 과정에서 흰 우유를 살 때에는 부가가치세를 내지 않고 딸기우유나 초코우유를 살 때는 부가가치세를 내야 한다는 재미있는 사실도 알게 되고, 자연스럽게 세금의 본질(예를 들면, 부가가치세가 뭐지, 왜 어떤 물건에는 부가가치세가 붙고, 어떤 물건에는 부가가치세가 붙지 않을까 등)을 생각할 수 있는 기회도 얻게 된다.

물건의 대가와 세금이 명확히 구분돼 주머니에서 돈이 나가는 이상, 어린 아이든 어른이든 세금의 존재는 언제나 피부로 와 닿을 수밖에 없다.

국민이 세금을 자연스럽게, 그리고 제대로 인식할 수 있는 사회적 여건이나 환경을 조성하는 것은 매우 중요하다. 평소 세금의 존재를 피부로 느끼면서 세금을 납부해 온 사람은 그렇지 않은 사람보다 탈세범에 대해 분명히 더 많은 비난을 가하거나 반감을 갖는다. 국가나 지방자치단체가 세금을 제대로 집행하는지에 대해서도 더 많은 관심을 가질 것이고, 무엇보다도 세금이 남의 문제가 아니라 나 자신의 문제임을 인식할 수 있을 것이다.

'세 살 버릇 여든까지 간다'는 속담처럼, 자신이 속한 사회의 여건이나 환경에 따라 세금에 대한 인식은 크게 달라질 수 있다. 당장은 여러 문제에 부딪힐 수 있다.

하지만, 어릴 때부터 세금의 존재를 생활 속에서 직접 느낄 수 있고, 모든 국민이 세금을 내며 살고 있다는 사실을 하루하루 피부로 느낄 수 있도록, 물품 가격을 표시할 때 세금을 제외한 공급가액(물품가격)만을 적고, 계산할 때 물품에 대한 세금이 얼마인지 따로 보여주는 방식으로 사회시스템을 바꾸는 방안을 다 함께 고민해 봤으면 한다.

II. 소득과 소비에 관한 이야기

'포인트'에 붙는 부가가치세 … 누가 내야 할까?

전완규 변호사

　요즘 물건을 사면서 결제할 때 흔히 듣는 말이 "포인트(마일리지) 적립 해드릴까요?"이다. 포인트, 마일리지 제도는, 고객 입장에서는 구입 가격의 일정 비율을 포인트나 마일리지 형식으로 적립해서 나중에 물건을 구입할 때 현금 대신 사용하고, 사업자 입장에서는 포인트 등을 통해 고객을 계속해서 유인, 확보할 수 있으므로, 고객과 사업자 모두에게 이익이 되는 제도이다.

　이러한 포인트, 마일리지 제도가 요즘 부가가치세 문제로 시끄럽다. 우리가 천 원짜리 물건을 살 때 50원 정도 적립받는 포인트 등이 왜 부가가치세 관련 분쟁을 가져온 것일까?

　과세관청은 대형마트나 쇼핑몰 등이 고객으로부터 대금 중 일부를 현금 대신 포인트 등으로 지급받은 부분도 부가가치세 과세대상이라는 입장이다. 반면에 대법원은 포인트 등으로 결제된 부분은 이른바 에누리(매출 차감)에 해당하여 공급가액에 포함되지 않으므로 부가가치세 과세대상이 아니라고 판단하였다.

　여기까지는 전형적인 조세분쟁에서 흔히 찾아볼 수 있는 모습이다. 그런데, 본격적인 문제는 위 판결에 따라 고객과 사업자 간의 사후 정산 여부가 논란이 되고, 부가가치세법 시행령 개정을 통해 과세방법을 보완한 데서 비롯되었다.

우선, 대형마트나 쇼핑몰이 대법원 판결을 근거로 종전에 납부했던 부가가치세를 과세관청으로부터 돌려받자, 일부 고객이 그 환급된 부가가치세가 자신에게 다시 돌려줘야 한다고 주장함에 따라 사업자가 고객에게 부가가치세를 돌려줄 의무를 부담하는지를 둘러싼 다툼이 발생하였다. 누가 부가가치세를 부담할 것인지의 문제는 기본적으로 거래 당사자 간의 약정에 따를 사항인데, 고객과 사업자 간의 거래 내용이 거래마다 상이하므로 법적 분쟁으로 이어질 경우 누가 이길지 예측하기 어렵다.

한편 국가는 대법원 판결을 반영하여 사업자가 고객별, 사업자별로 포인트 등의 적립 및 사용 실적을 구분하여 관리할 수 있는 시스템을 구축하여 당초 공급자와 이후 공급자가 같다는 사실이 확인되는 경우에 한하여 포인트 등을 부가가치세 과세표준에서 제외한다는 내용의 부가가치세법 시행령 규정을 신설하였다. 이에 따라 기존의 포인트, 마일리지 제도를 계속 유지하고자 하는 사업자는 관련 시스템을 새로 구축해야 하는 부담을 지게 되었다.

결과적으로 현재 고객은 고객대로, 사업자는 사업자대로 어려움에 부딪혀 있다. 고객에 대한 부가가치세 반환 문제는 마케팅 관점에서 사업자의 정책적 결단이 있지 않고서는 쉽게 해결되지 않을 것으로 보이고(소송으로 이어져 고객에게 유리한 결론으로 마무리되더라도, 고객

각자에게 귀속되는 이익은 미미하여, 승자 없는 싸움이 될 가능성도 높다), 부가가치세 문제를 간명하게 해결하고자 하는 의도에서 국가가 도입한 새로운 시스템 구축은 사업자의 경제적 부담, 궁극적으로 제품가격 인상으로 이어진다는 점에서 사업자 입장에서는 쉽게 결단을 내리기 어려운 실정이다.

어찌되었든, 현 시점에서 사업자는 고객관계나 앞으로의 부가가치세 징수 및 납부 관계 모든 측면에서 골치가 아플 수밖에 없다. 법리적 정밀함을 떠나 단순히 포인트 등으로 결제하는 금액을 공급가액에서 공제하여 부가가치세 과세표준에서 제외하는 방향으로 부가가치세법 시행령을 개정하였다면, 사업자는 고객과의 미래지향적인 관계 설정 및 유지를 위해 더 많은 시간과 비용을 할애할 수 있지 않았을까 하는 아쉬운 생각이 든다.

신탁관계에서 발생한 부가가치세,
누가 내야 할까?

오태환 변호사

법대에 입학해서 처음 배우는 것 중 하나가 우리나라 사법체계가 대륙법계 구조를 가진다는 것이다. 대륙법계에서는 법규범이 법령의 형식을 취하고, 법원의 판례는 비록 동종 사건에 관하여 사실상의 기속력을 갖지만 법률상으로는 개별 사건을 해결하기 위한 판단에 불과하다. 반면 영미법계는 별도의 성문법령을 갖지 않고 판례의 집적을 통해 법규범을 형성해오고 있는 점이 대륙법계와 다르다.

그런데 최근 우리나라도 대법원 판결에 따라 관련 업계 전체가 들썩이는 일이 잦아졌다. 2013년 12월에 선고된 통상임금에 관한 대법원 판결이 대표적인 예인데 정기 상여금을 통상임금에 포함시킬 것인지 아닌지에 따라 회사의 경영상황에 막대한 영향을 미치는 것은 물론 근로조건 형성에도 결정적인 기준으로 작용한 것이다.

조세 분야도 예외는 아닌데 2017년 5월 부가가치세와 관련된 의미 있는 대법원 전원합의체 판결이 선고되었다. 신탁은 대외적으로는 수탁자(흔히 신탁회사) 명의로 특정 재산의 소유권이 이전되지만 내부적으로는 신탁관계에서 발생한 수익의 최종 귀속자가 위탁자나 수익자가 되는 법률형태이다. 위 판례 사안은 위탁자가 자금이 필요하여 신탁회사에 부동산을 담보신탁하고, 대출 금융기관이 그 신탁으로 인한 수익의 최종 귀속자인 구조였는데, 대출금이 변제되지 못하자 환가절차를 통해 부동산이 처분된 경우였다. 이러한 부동산 처분에 대하여 종전 대법원은 위탁자 혹은 수익자를 부가가치세 납세의무자로 보아 왔으나, 위 전원합의체 판결은 부동산 매매로 인한 부가가치세 납세의무자를 수탁자로 보는 것으로 견해를 변경한 것이다.

위 판례에 따라 실무 현장에서는 대혼란이 일어났다. 대법원 견해가 그러하다는데 그와 달리 업무를 처리하였다가는 법원에서 패소할 것이 자명하기 때문이다. 누가 부가가치세를 납부할 것인지를 다시 협의하여 신탁계약서에 포함시켜야 하는 문제부터 이미 위탁자나 수익자가 납부한 부가가치세를 유효하게 취급해도 되는지 혹은 납부한 세금을 환급받을 수 있는지 등 실무상 파생되는 여러 문제들에 대해 어느 누구도 시원한 대답을 줄 수 없었던 것이다.

이러한 현상은 과연 바람직한가? 사람도 변하고 사회도 달라지는데 법원의 판결이라고 변하지 않을 수는 없다. 그러나 단순히 미래의 행동양식뿐 아니라 과거의 법률관계에까지 광범위하게 영향을 주는 문제라면 판결보다는 입법을 통하는 것이 정도(正道)이다. 입법은 경과규정을 두어 완충지대를 만듦으로써 변화로 인한 사회적 혼란을 막을 수 있기 때문이다. 위 판례 사안에서 보듯이 법 해석에 관한 사법부의 사후적 판단으로 법 적용에 혼란이 발생하지 않도록 사회적으로 중요한 쟁점들에 관하여 입법부가 미리 관련규정을 명확하게 정비함으로써 보다 안정적인 사회를 만들어 줄 수 있기를 기대해 본다.

상속과 증여에 관한 이야기

III

로펌변호사가 들려주는
세금이야기

'가업승계플랜' … 자녀를 위한 마지막 선물

오태환 변호사

최근 인터넷에서 자주 검색되는 말 중의 하나가 '가업승계'다. '가업승계와 상속·증여세', '가업승계는 어떻게 해야 할까', '가업승계 절세 길라잡이' 등이 연관검색어로 등장한다.

'가업'이라는 단어를 사전적으로 정의하면 '대대로 물려받는 집안의 생업' 혹은 '한 집안이 이룩한 재산이나 업적'으로 표현할 수 있다. 유교적 가치관이 상존하는 우리 사회에서 후손들을 위해 무엇인가 남겨 놓기를 바라는 것은 단지 '있는 분들'만의 정서는 아닐 것이다. 그것이 자신이 평생 일구어온 생업일 경우에는 그러한 바람은 더욱 절실하다. 다만 가업승계를 위해 전문가의 조언을 미리 받는다는 것이 쉬운 일이 아니고, 현실을 알아 버린 후에는 이미 대처하기 늦은 경우가 대부분이다.

가업승계 '세금'이 문제

법률적으로 가업의 승계는 상속이나 증여를 통해 이루어지는 것이 보통이다. '상속'은 피상속인의 사망 시점에 피상속인이 가지는 재산이 포괄적으로 상속인에게 이전되는 것이다. '증여'란 생전에 재산을 대가 없이 양도하는 행위로 증여자와 수증자 사이의 계약을 의미한다. 상속과 유사한 것으로 '유증'이 있다. 이는 유언자가 자신의 재산을 어떻게 배분할지 미리 정해두는 것으로 유언자의 사망과 동시에 법률효과를 발생시키며 상속세 및 증여세법은 이를 상속에 포함시키고 있다. 유증은 유언의 일종이므로 민법상 엄격한 절차와 방식을 거치도록 돼 있다.

가업승계에서 뒤늦은 후회가 생기거나 사전 대처가 필요한 이유는 바로 상속·증여의 '세율' 때문이다. 상속세의 세율은 과세표준이 되는 상속 재산의 증가에 따라 누진적으로 증가한다. 10%에서 50%에 이른다. 증여세의 세율도 동일하다. 물론 상황에 따라 공제제도나 특례제도가 있지만, 고율의 세금을 피하기는 쉽지 않다. '국가가 모든 재산에 대한 가장 큰 동업자이자 지분권자'라는 말이 나오는 것이 바로 이 때문이다.

때문에 안정적이고 효율적인 재산의 대물림 즉, 가업 승계를 위해 무엇을 고민해야 할지가 분명해진다. 바로 '세금'이다. 전문가의 도움을 받아 가업승계 전략을 수립하기 위해 어떤 절차가 진행되고, 어떤 방안이 있는지 살펴보자.

각종 조세절감방안 … 사전·사후 요건 안 지키면 특례 박탈될 수도

가업승계 전략을 세우기 위해서는 먼저 보유하고 있는 재산의 종류와 액수에 대한 목록을 작성해 현황을 파악해야 한다. 이를 바탕으로 미래 가치를 예측한다. 사전준비를 거쳐 이전할 재산을 정하고, 방안과 시점을 저울질해 구체적인 계획을 세운다.

원활한 가업의 승계는 국가경제적으로도 바람직한 과제이므로 법은 여러 가지 제도를 통하여 이를 장려하고 있다. 그 주요내용으로는 △가업상속공제제도 △가업의 승계에 대한 증여세 과세 특례제도 △창업자금에 대한 증여세 과세 특례제도 △중소기업주식 할증평가 배제제도 △가업상속에 대한 상속세 연부연납 제도 등이 있다.

모두 허용 요건이 법으로 규정돼 있다. 사전·사후 요건을 엄격하게 지키지 않으면 특례가 박탈될 수 있다.

이 중 현실적으로 가장 많이 활용되는 방법이 상속세 및 증여세법 시행령 제15조에 따른 '가업상속공제제도'이다. 법인은 주식, 개인사업자는 토지, 건축물, 기계장치 등을 대상으로 한다. 매출액, 업종, 가업경영기간, 상속인의 연령 등 사전 요건을 갖춰야 한다. 특례 적용을 받은 후에도 가업종사기간, 지분유지기간 등을 반드시 지켜야 하고, 이를 위반하면 감면된 세액을 추징당하게 된다.

그 밖에도 무의결권 주식, 상환주식, 주식양도제한 약정, 주주간 계약을 통한 이사 지명권 부여 등 상법상의 제도를 활용해 원하는 후계자가 안정적으로 경영기반을 구축하게 하는 방안도 많이 활용되고 있다.

'가업승계플랜' … 자녀를 위한 마지막 선물

'신탁'제도 활용 가능 … 상속인 분쟁 방지 이점도

신탁제도도 일반인들이 한번쯤 생각해 볼 만한 방안이다. 신탁이란 '위탁자'의 재산권을 '수탁자'인 신탁회사에 이전해, 수탁자(신탁회사)는 이를 운용해 수수료를 얻고, 나머지 수익을 수익자 또는 위탁자에게 주는 법률관계를 말한다.

상속에 활용될 수 있는 제도로 먼저 '유언대용신탁'이라는 것이 있다. 위탁자가 수탁자(신탁회사)의 관리 아래 수익자를 스스로 지명해 사후 재산을 주도록 정하는 것이다. 재산은 수탁자가 맡아 전문적으로 관리한다. 신탁이 유언의 기능을 수행해 유언 절차의 엄격한 형식을 완화할 수 있다. 무엇보다 재산을 둘러싼 상속인들 사이의 분쟁을 사전에 방지할 수 있는 이점이 있다. 위탁사가 사망한 후, 자신이 원하는 대로 수익자를 순차적으로 지정하는 방법도 가능한데 이를 '수익자연속신탁'이라 한다.

이러한 제도들은 신탁법이 2011년 7월 25일 전부 개정되어 2012년 7월 26일부터 시행되면서 활용이 가능해졌다. 아직은 신탁제도에 대한 인식이 부족해 잘 활용되고 있지 않지만 선진적인 자산관리 제도인 만큼 앞으로 활용의 폭이 넓어질 것으로 기대된다.

현대사회를 살아가면서 조세 부담에서 자유로워질 방법은 없다. 하지만 조금이라도 더 먼저 생각하고 준비한다면 그렇지 않은 경우보다 경제적 이득을 얻을 수 있는 것도 분명하다. 돈을 벌 때 이상으로 시간과 노력을 잘 투자해 미리 준비하는 가업승계플랜, 자손들에게 남겨 주는 또 다른 유산이다.

부(富)의 대물림은 무조건 나쁜가?

오태환 변호사

최근 모 장관 후보자의 증여를 둘러싼 논쟁이 있었다. 정치권에서의 사치스러운 말 잔치는 차치하고 순수하게 법적 관점에서만 보면 '법'을 위반한 것은 아니다.

상속이 아닌 세대생략증여 방식을 선택한 것이 문제된 것인데 이는 법적으로 허용되는 방식이다. 증여세 부담을 금전대여를 통해 해결하였으며, 빌린 돈에 대한 이자는 증여받은 재산에서 얻은 수익으로 충당하였으므로 법적으로 흠이 있는 것이 아니다. 그럼에도 일부 국민들 사이에서 반감이 생기는 이유는 무엇일까?

몇 년 전 모 단체에서 조사한 결과를 본 기억이 난다. 우리나라와 미국의 최상위권 자산가들의 재산의 원천이 어디에서 나온 것인가를 조사한 것인데 사뭇 시사하는 바가 있었다. 미국의 경우 우리가 익히 알고 있듯이 Microsoft 창업자 Bill Gates나 Facebook 창업자 Mark Zuckerberg, Google 창업자 Larry Page, 투자의 귀재라는 Warren Buffett 등 대다수가 당대의 능력과 도전으로 자수성가한 사람인 반면, 우리나라는 대다수가 선대로부터 물려받은 재산으로 부를 유지하고 있는 재벌가의 2, 3세라는 것이 그 결과였다.

그런데 뒤집어 생각해 보면 우리나라도 현재 자산가들 선대의 단계에서는 당대의 사업성공으로 막대한 부를 축적하였다는 것이 된다. 아마도 20~30년 전쯤으로 조사를 앞당긴다면 우리나라도 대부분의 자산가들이 당대의 사업성공으로 부를 이룩한 분들이 상위권에 포진되어 있었을 것이다. 그러면 왜 현재의 대한민국에서는 자신의 노력과 땀으로만 성공한 사업가가 잘 나오지 않는 것일까?

경제전문가도 아닌 필자가 다루기에는 무거운 주제이지만 개인적인 소견은 이렇다. 입시만을 위한 교육으로 실종된 창의성과 도전정신, 규제위주의 행정과 과도한 상속·증여세로 인한 의욕상실, 고령화 사회로 인한 내수 실종으로 글로벌 시장 진입기반을 마련하기 어려운 경제상황 등이 복합적으로 작용하면서 능력 있는 사람들이 새로운 사업영역에 도전해 볼 엄두를 내지 못하고 월급쟁이로 안주해 버리는 것이 대한민국의 현실이 아닌가 싶다.

어찌 보면 부의 대물림에 대한 반감의 근본적 원인은 부모 잘 만나 편안하게 사는 것에 대한 질투심보다는 아무리 노력하고 도전해보려고 해도 성공할 가능성이 희박하다는 것에 대한 좌절감이 아닐까?

우리는 이제 산업화의 끝자락에서 새로운 도약을 위한 국가개조의 시작점에 서 있다. 국가의 지도자들이 다음 세대를 위한 청사진을 제시하고 모든 국민들이 힘을 합쳐 보기를 기대하는 것이 나만의 바람은 아닐 것이다. 조세와 관련하여 한 가지 덧붙인다면 보통 사람이 열심히 일하고 돈을 버는 이유 중 하나가 '나는 힘들게 살더라도 자녀들만은 경제적으로 어렵지 않게 살도록 하고 싶다'는 본성에서 나오는 것이라면 과도한 상속·증여세도 실용주의적이고 합리적인 관점에서 다시 한 번 들여다보아야 할 시점이 되었다는 점이다. 미국이 많은 연구결과를 거쳐 상당한 액수의 공제 등을 통해 상속세 부담을 줄이고, 장기적으로 상속세 폐지 방향으로 가고 있는 것이 무엇을 시사하는지 곰곰이 살펴볼 일이다.

'미성년 자녀에 증여' … 5년간 안심할 수 없다

재산을 어느 정도 보유한 사람이라면 적어도 한 번쯤은 어린 자녀에게 언제 어떤 방법으로 재산을 물려주는 것이 세금을 줄일 수 있는지를 생각해 보게 된다.

자녀에게 현금을 증여하는 것이 나을지, 아니면 그 현금으로 투자가치가 있는 주식이나 부동산을 구입해 줄 것인지 고민하고, 주식이나 부동산의 경우 어느 시점에 재산을 증여하는 것이 나은지 등도 고민할 것이다.

어느 경우나 재산을 무상으로 증여하는 경우 세법이 정한 바에 따라 증여세를 납부해야 하고, 그 증여세는 증여 당시의 가액에 따라 산출하는 것이 원칙이다. 그렇다면 부동산이나 주식을 가지고 있는데 개발호재가 있거나 상장의 정보가 있는 등 재산의 가치가 오를 것으로 예상되는 상황에서는, 그와 같은 가치상승이 표면화하기 전에 미리 그 부동산이나 주식을 자녀에게 증여하거나 자녀의 이름으로 구입해 주게 되면, 증여세를 적게 낼 수 있을 것이라고 생각하기 쉽다.

하지만 세법은 똑똑하다. 세법은 장차 가치상승이 예상되는 재산을 미리 증여하거나 양도함으로써 세금부담을 줄인 경우, 일정한 요건 하에 나중에 증가된 가액만큼 추가로 증여세를 걷을 수 있도록 규정하고 있다.

예를 들어, ① 직업, 연령, 소득상태 등에 비추어 자력이 없는 자가 재산을 취득한 후 개발사업 시행, 각종 인·허가 등으로 재산가치가 증가하는 경우, ② 수증자의 자력유무와 관계없이 비상장주식을 취득한 후 상장이나 합병이 이루어져 주식가치가 증가하는 경우에 대한 과세가 그것이다. 이러한 과세의 공통점은 친족 등 특수관계인으로부터 재산을 취득하고, 5년 이내에 상장이나 개발사업 시행 등의 사유가 발생하여, 그 가치가 당초보다 30% 또는 3억 원 이상 증가한 경우를 대상으로 한다는 점이다.

자신의 노력으로 돈을 벌었든, 운이 좋아 가지고 있던 재산의 가치가 증가하였든, 아니면 부모로부터 재산을 물려받았든 어느 경우에나 부자가 된 만큼 세금을 내는 것이 원칙이다. 그런데 우리 세법상 앞의 두 경우에는 소득세(양도소득세 포함)를 내도록 하고 마지막 경우에만 상속세나 증여세를 내도록 하고 있다. 부모로부터 토지를 증여받았는데 그 후 해당 토지가 개발되어 토지의 가치가 증가한 경우 그 가치증가분은 이론상 양도소득세 과세대상일 뿐이다. 그런데 당사자 사이의 관계나 증여 시점과 개발 시점의 시간적 간격 등 일정한 요건을 갖춘 경우 증여 시점에 이미 개발이익이 증여재산에 반영되었다고 보아 소득세가 아닌 증여세를 과세하는 것이다. 실제로

'미성년 자녀에 증여' … 5년간 안심할 수 없다

증여 시점과 개발이익이 전혀 무관하다는 것을 증명하더라도 증여세 과세를 면할 수 있는 것이 아니다. 법은 단순히 증여를 추정한 것이 아니라 의제하고 있기 때문이다.

어쨌든 이러한 가치증가분에 대한 과세는 과세대상인 가치증가의 사유가 포괄적으로 규정되어 있는 등 그 한계가 모호하여 국민들의 예측가능성을 침해한다는 비판을 받고 있다. 과세의 공백을 막으려는 공익적 요청이 적정 과세 내지 실질 과세의 요청을 억제하고 있는 상황이다. 증여재산 평가제도의 향상 등 납세 환경이 좀 더 개선되어 구체적인 경우 납세자가 억울한 일을 당하지 않도록 규정이 합리적으로 정비될 수 있기를 기대해 본다.

물려받은 재산 돌려줘도 '증여세' 내야 할까?

김용택 변호사

　　지난 2008년 제18대 국회의원 총선거 과정에서 A정당이 비례 대표 후보자로부터 '공천헌금'을 받았다가 다시 반환한 것이 문제되었다.

　　당시 A정당은 총선을 앞두고 일부 비례대표 후보자들로부터 공천 대가로 거액의 돈을 기부 받았다가, 그 후보자들이 당선된 후 선거관리위원회로부터 받은 선거비용 보전금으로 기부받은 돈의 대부분을 반환하였다. 이는 불법 정치자금에 해당하여 관련된 비례대표 국회의원들이 공직선거법 및 정치자금법 위반 혐의로 형사처벌을 받았다.

　　그런데 그 와중에 증여세 과세여부가 함께 문제되었다. 조세특례제한법은 정치자금법에 따라 적법하게 정치자금을 기부한 경우에 대해서는 증여세를 부과하지 않도록 규정하고 있는데, 위 공천헌금은 불법 정치자금이므로 위 비과세특례를 적용받을 수 없었다. 이에 세무서가 A정당이 받은 공천헌금에 대해 증여세를 부과하였고, A정당은 취소소송을 제기하여 이미 기부받은 돈을 반환하였으므로 증여세 과세대상이 아니라는 주장을 하였다.

이에 대해 대법원은 위 증여세 부과가 정당하다고 판단하였다. 세법은 증여받은 재산이 금전인 경우 이를 반환하더라도 증여세를 부과하도록 규정하고 있기 때문이다.

재산을 증여받은 후 반환하더라도 원칙적으로 이미 성립한 증여세 납세의무에는 영향이 없다. 다만, 상속세 및 증여세법은 증여세 과세표준 신고기한(증여받은 날이 속하는 달의 말일부터 3개월) 이내로서 과세관청의 증여세 결정이 있기 전까지 증여재산을 반환하는 경우에 한하여 처음부터 증여가 없었던 것으로 보아 증여세를 부과하지 않도록 규정하고 있다. 이는 일단 증여행위가 이루어져 납세의무가 성립하면 당사자 합의로 그 효력을 좌우할 수 없도록 하면서도, 신고기한 내에 증여재산을 반환하면 증여세 과세에서 제외될 수 있는 퇴로를 열어준 것이다. 이와 같은 특례 규정은 특히 시가의 등락이 심한 상장주식의 증여에 많이 이용된다.

여기서 주의할 것은 증여받은 재산을 신고기한이 지난 후 반환하는 경우 당초의 증여에 대해 증여세가 부과될 뿐 아니라, 그 반환행위가 신고기한 만료로부터 3개월이 지난 후에 이루어질 경우 그 반환행위도 별도의 증여로 보아 증여세가 부과된다는 점이다.

증여받은 재산이 금전인 경우에는 더욱 엄격한 과세가 이루어진다. 즉, 금전을 증여받은 경우에는 동액 상당의 금전을 반환하더라도 그 반환 시점과 관계 없이 당초 증여와 반환증여에 대해 모두 증여세가 과세된다. 금전은 증여와 동시에 본래 수증자가 보유하고 있던 현금자산에 혼입되어 현실적으로 '당초 증여받은 금전'과 '반환하는 금전'의 동일성 여부를 확인할 방법이 없고, 증여 및 반환이 용이하여 증여세 회피수단으로 악용될 우려가 크기 때문이다.

증여재산의 반환은 조세법률관계를 바라보는 세법의 두 가지 시각을 반영한다. 과세 당시를 기준으로 납세자에게 담세력이 없으면 과세가 부당하다는 실체법적 사고와 납세자가 조세법률관계를 마음대로 변동시켜서는 안 된다는 절차법적 사고가 그것이다. 현행 규정은 이 두 가지 사고를 절충한 셈인데 어쨌든 선량한 일반 시민들에 대해서조차 세법 규정을 활용한 적극적 절세 전략을 강요하는 듯하여 일말의 씁쓸한 생각을 갖게 한다.

대신 갚아준 빚, '증여세' 내야 한다고?

전완규 변호사

내 기억 속에 생생한 92년 봄, 파아란 하늘에 따사로운 햇살이 가득했던 그 봄은 대학 새내기에게는 행복 그 자체였다. 그 봄은 이전에 체험하지 못한 음악 세계 또한 나에게 선물하였다. 내 또래 세 명의 젊은이들이 보여준 현란한 춤과 노래는 나를 새로운 세계로 이끌어 주었다. 그렇게 그들은 4년 동안 우리 음악세계를 흔들어 놓고 1996년에 가요계를 떠났다. 우리 사회에 '서태지와 아이들'이라는 이름을 남긴 채 흩어져 서로 다른 길로 간 것이다. 내가 대학을 1992년에 입학해서 1996년에 졸업했으니, 그들의 노래와 춤은 나의 대학생활의 한 부분이라고 할 수 있다.

그때로부터 20년이 훌쩍 지나버린 2018년 2월, 다시 그들의 소식을 들었다. 그들 중 사업가로 성공한 멤버가 경제적으로 곤경에 처해 있는 다른 멤버의 채무를 대신 갚아 주었다고 한다. 경제적 어려움에 처한 옛 동료의 빚을 대신 갚아 주었다는 얘기는 점차 각박해지는 세상에 훈훈한 소식으로 퍼져 나갔다.

덕분에 나도 서태지와 아이들과 함께 했던 나의 대학생활의 행

168

복했던 순간을 잠시나마 돌이킬 수 있었다. 그런데 그것도 잠시, 과연 그들 사이에 빚을 대신 갚아 주면서 어떠한 얘기가 오갔는지 궁금해졌다. 만일 아무런 대가 없이 빚을 대신 갚아 주었다면 세법상 증여가 되어 경제적 이익을 증여받은 사람에게 증여세가 부과될 수 있기 때문이다. 서태지와 아이들에 대한 좋은 느낌을 이어가고 싶은 마음에 좋은 일 하면서 옛 동료에게 증여세 부담이라는 피해가 가지 않도록 잘 알아서 처리했겠지라고 생각하면서 궁금증을 접어 두었다.

우리 세법은 다른 사람의 빚을 대신 갚아 주면 빚에서 해방된 사람이 이익을 얻은 것으로 보아 증여세를 부과하고 있다(상속세 및 증여세법 제36조 제1항). 친구 빚을 대신 갚아 주면 도움을 받은 친구에게, 부모가 자식의 빚을 대신 갚아 주면, 자식에게 증여세가 부과될 수 있으므로, 좋은 일을 하고도 서로 기분이 찜찜해 지는 예상치 못한 난처한 상황이 생길 수 있다는 얘기다.

서로를 위해 좋은 일을 한다고 생각하는 사람들에게는 쉽게 납득하기 어렵지만, 아무런 대가 없이 빚을 대신 갚아 주는 경우는 빚을 진 사람에게 현금을 증여하고, 그 현금으로 빚을 갚는 경우와 아무런 차이가 없으므로 우리 세법이 이런 경우 증여세를 부과하는 것은 어찌 보면 당연하다고 할 수 있다.

현실은 이와 같이 빚을 대신 갚아 주는 경우 나중에 형편이 좋아지면 갚아준 돈을 되돌려 달라는 것을 전제로 빌려 주는 경우도 많다. 엄격한 법리를 떠나 형편이 나아졌음에도 과거에 입은 은혜를 잊어버린다면 인간의 도리가 아닐 것이다. 이런 경우라면 빚을 대신

대신 갚아준 빚, '증여세' 내야 한다고?

갚아 주더라도 증여가 아니라, 대여의 일종으로 볼 수 있으므로 만약을 대비하여 차용증과 같은 증빙을 챙겨 두는 것이 좋다. 조금만 더 검토하고 대비하면 후환에 대비할 수 있다. 좋은 일을 하면서 예기치 않게 난처한 상황을 만들지 않는 것 또한 세상을 살아가는 데 필요한 지혜이다.

명의만 빌려줘도 세금폭탄 …
"함부로 이름 빌려주지 마세요"

오태환 변호사

김 과장은 어느 날 출근하여 대표이사의 호출을 받는다. '우리 회사가 앞으로 새로운 시장을 개척하기 위해 자회사를 하나 설립하려고 하는데 혹시 주식을 배정하기 위해 이름 좀 빌려 줄 수 있나?' 김 과장은 고민에 빠진다. 거절하면 회사를 계속 다니기 어려울 테고 승낙하자니 뭔가 찜찜하고…

상속세 및 증여세법 제45조의2 제1항에는 다음과 같은 규정이 있다. "권리의 이전이나 그 행사에 등기 등이 필요한 재산의 실제소유자와 명의자가 다른 경우에는 국세기본법 제4조에도 불구하고 그 명의자로 등기 등을 한날에 그 재산의 가액을 명의자가 실제소유자로부터 증여받은 것으로 본다." 이른바 주식의 명의신탁에 따른 증여의제제도이다. 주식의 명의신탁은 주로 전·현직 임직원 등 회사 관계자 또는 가족 등을 통하여 이루어지는데, 명의를 빌려주는 입장에서는 사실상 강요 등에 의해 부득이 명의를 빌려 주는 경우가 대부분이다. 그럼에도 단순히 명의를 빌려준 책임을 물어 주식가액에

171

대해 최고 50%이 이르는 증여세를 부담시킨다는 것은 법을 떠나 상식적으로 쉽게 납득하기 어렵다. 1975년 1월 1일 이래 사소한 변천은 있었지만 주식명의신탁 증여의제제도는 우리 세법에 여전히 살아남아 명의를 빌려준 사람들에게 예기치 않은 세금폭탄을 안기고 있다. 더구나 주식의 명의신탁이 이루어지는 시점을 기준으로 주식 가액을 평가하기 때문에 현실에서 동떨어진 거액의 증여가액이 산정되기도 한다. 또 증여세의 경우 최장 15년까지 부과가 가능하기 때문에 기간이 많이 지났다고 안심할 수도 없는 실정이다.

본래 명의신탁 제도는 부동산에서 비롯된 것으로 현재 '부동산 실권리자명의 등기에 관한 법률'에 의해 그 효력을 무효로 하고 최고 부동산 가액의 30%에 해당하는 과징금을 부과하고 있는데, 주식의 명의신탁에 대해서는 그 효력을 인정하면서도 세법에서 부동산 명의신탁보다 더 가혹한 제재를 가하고 있는 것이다.

또 종래 대법원 판례에 의하면, 최초 명의를 빌려 주고 받은 주식에 대한 유상증자 시 명의신탁자가 유상증자 대금을 납입한 경우 이 역시 명의신탁 증여의제 규정을 적용하고 있고(대법원 2006. 9. 22. 선고 2004두11220 판결 등), 합병과 관련하여 명의수탁자가 당초 수탁받은 주식을 합병법인에 양도하고 새로운 합병신주를 그 명의로 인수하는 경우 최초 명의신탁에 조세회피 목적이 없었더라도 합병신주 명의신탁에는 증여의제 규정이 적용될 수 있다고 보는 등(대법원 2013. 9. 26. 선고 2011두181 판결) 자칫 증여세 과세 대상이 예상하지 못한 범위로 확대될 위험조차 있다.

물론 상속세 및 증여세법에는 '조세회피의 목적'이 없는 경우 증여세를 부과하지 않도록 하고 있지만, 실무적으로 주식의 명의를 분산해 두는 경우 거의 대부분 과점주주의 제2차 납세의무나 소득에 대한 누진세율 회피 등의 효과가 발생하거나 발생할 가능성이 있기 때문에 그 예외를 적용 받는 것은 매우 어려운 것이 현실이다. 이러한 이유 때문에 명의신탁의 경우 명의수탁자에게 아무런 증여의 이익이 없음에도 증여세를 부담하는 것이 증여세의 본질에 벗어나고, 명의신탁에 대한 제재나 징벌은 부동산과 마찬가지로 과징금의 부과나 처벌의 방법으로 해결하여야 한다는 비판이 계속 제기되는 실정이다.

　　조세는 국가나 지방자치단체 세수의 근원으로서 모든 국민이 마땅히 부담해야 할 의무이지만, 세수효과가 크지 않고, 증여세의 본질에도 맞지 않는 명의신탁 증여의제 제도는 반드시 개선되어야 할 것이다. 최근 상속세 및 증여세법이 개정되면서 다른 증여세와 달리 주식의 실제소유자에게 증여세 납부의무를 부과하여 증여세 부담의 주체가 합리적으로 변경되었는데, 더 나아가 과징금 등 별도의 행정 제재를 부과하거나 최소한 회피된 조세의 크기에 상응한 부담을 지우는 방향으로 개선되기를 희망해 본다. 그에 앞서 납세자가 꼭 명심할 사항이 있다. "함부로 이름 빌려주지 마세요"

올해부터 명의신탁 주식 증여세 '명의신탁자'가 낸다?

정재웅 변호사

현행 상속세 및 증여세법 제45조의2는 "명의신탁재산의 증여 의제"라는 제목 하에, '토지와 건물을 제외하고, 권리의 이전이나 그 행사에 등기 등이 필요한 재산의 실제소유자와 명의자가 다른 경우에는 그 명의자로 등기 등을 한 날에 그 재산의 가액을 명의자가 실제소유자로부터 증여받은 것으로 본다'고 규정하고 있다.

예를 들어 시가 1억 원 상당의 주식을 명의신탁한 경우 명의수탁자는 명의신탁자로부터 1억 원을 증여받은 것으로 의제된다. 그에 따라 지금까지는 증여세의 수증자 과세원칙에 따라 기본적으로 명의수탁자가 1억 원에 대한 증여세 납세의무를 부담해 왔다.

그런데 2019년부터는 위와 같은 명의신탁재산의 증여 의제 제도가 완전히 바뀐다.

기획재정부는 '명의신탁 증여의제 과세제도 합리화 및 과세 실효성 확보'를 이유로, 상속세 및 증여세법 제4조 제2항에, '제45조의2에 따라 재산을 증여한 것으로 보는 경우에는 실제소유자가 해당 재산에 대하여 증여세를 납부할 의무가 있다'는 내용을 신설하였다.

즉 2019년 이후 이루어지는 명의신탁 재산에 대해서는 그 납세 의무자가 명의수탁자가 아니라 실제소유자인 명의신탁자로 변경되는 것이다. 그러나 이와 같은 입법의 변경 과정을 보면서 명의신탁 증여의제 규정이 과연 조세인가에 관한 해묵은 논쟁을 다시 생각하게 된다.

명의신탁에 대한 증여세 부과는, 명의신탁이 증여의 은폐수단으로 이용되거나 증여세의 누진부담을 회피하는 수단으로 악용되는 것을 방지하고자 하는 데 그 목적이 있다고 설명된다. 조세회피의 목적 자체가 없는 명의신탁의 경우에는 애당초 증여로 의제되지 않는다.

즉 명의신탁재산에 대한 증여 의제는 위와 같은 입법 목적 하에 조세회피 목적으로 재산을 명의신탁 하는 경우 그 재산이 증여된 것으로 법으로 의제함으로써 명의수탁자가 증여받은 재산에 담세력이 있다고 보아 명의수탁자에게 증여세를 부과하는 제도이다.

그동안 명의신탁을 증여로 의제하여 증여세를 부과하는 것이 헌법적 측면이나, 실질에서 있어 유효 적절한 정책수단인지에 관하여 논란이 있어 왔다. 명의신탁 증여의제 규정은 담세력과 전혀 무관하게 타인의 명의를 빌려서 재산을 보유한다는 그 자체를 과세요건으로 삼아 과세하는 제도로서 차명행위를 통한 조세회피행위를 방지하고 투명한 거래질서를 확립하기 위한 목적의 정당성이 인정된다는 이유로 헌법재판소나 대법원에서 이를 합헌으로 판정하여 왔다. 사실상 조세를 제재수단으로 사용하는 것을 허용한 것이다. 그러나 이와 같이 조세를 오로지 국가의 정책 목적을 달성하기 위한 수단으로 사용할 수 있는가에 관하여는 많은 논란이 있다. 그 자세한 내용을 여기에 모두 옮길 수는 없지만 어쨌든 위와 같이 명의신탁 증여의제 제도가 국가의 일정한 정책 목적을 달성하기 위한 제재수단임을 인정한다면 그와 같은 제재는 실질적인 행위자인 명의신탁자에게 가해져야 한다는 반론이 꾸준히 제기되어 왔고 이번의 입법은 그와 같은 논의를 수렴한 것이다. 다른 한편 위와 같은 입법의 변경으로 인하여 수증자 과세를 기본으로 하는 우리의 법 체계 아래에서 명의신탁 증여의제는 전통적인 증여세로부터 더 멀어졌다는 반론을 피할 수 없게 되었다.

국가의 정책 목적이 아무리 정당하다고 하더라도 그 수단은 합리적인 법 체계 아래에서 마련되어야 한다는 것이 법치주의의 기본이다. 이번 법률 개정의 목적이 앞으로도 지속적으로 재산의 명의신탁 행위를 막겠다는 것에 있다면, 증여세라는 형태로 부과할 것이 아니라, 부동산과 마찬가지로 별도의 법률을 통해 명의신탁을 금지하면서 그 효력을 무효로 하고, 이를 위반한 명의신탁자에 대해 과징금이나 이행강제금을 부과하는 것이 옳다.

국가의 과세제도는 국민적 합의에 기초한 철학을 토대로 일정한 원칙이 있어야 한다. 그래야 납세의무를 부담하는 국민은 납세의무에 대한 예측을 할 수 있고, 법적 안정성을 확보할 수 있다. 과세 실효성이나 과세 편의를 위한 제도 변경 역시 과세제도의 원칙 안에서 이루어져야 한다. 그것이 우리나라가 조세 선진국으로 좀 더 다가가는 길이다.

명의신탁 주식으로 신주를 …
증여세 '중복 부과' 안돼

김용택 변호사

甲이 乙 명의로 A회사 발행주식을 취득하였다. 이 경우 乙 명의로 인수한 A회사 발행주식은 甲의 명의신탁 주식에 해당한다. 이러한 명의신탁 주식은 사법(私法)상으로는 甲의 소유이나, 세법에서는 명의자인 乙에게 증여된 것으로 의제하여 증여세를 부과한다. 이른바 '명의신탁 증여의제'에 따른 증여세이다.

그런데 甲이 乙 명의로 A회사의 발행주식을 취득한 후 A회사와 B회사 사이에 주식의 포괄적 교환이 이루어지고, 이에 따라 甲은 A회사 발행주식을 B회사로 이전하는 대가로 모회사인 B회사의 신주를 배정받았다. 그러자 과세관청은 甲이 당초 乙의 명의로 취득했던 A회사 발행주식뿐 아니라, 주식의 포괄적 교환에 따라 배정받은 B회사 발행신주에 대해서도 새로운 명의신탁이 있었다고 보아 증여의제규정을 적용하여 증여세를 부과하였다.

그동안 이러한 증여세 부과처분이 적법한 지에 관해 논란이 있어 왔는데, 최근 대법원은 당초의 주식과 달리 주식의 포괄적 교환에 따라 당초 주식 대신 취득한 주식에 대해서는 증여세를 부과할 수 없다고 판단하였다(대법원 2018. 3. 29. 선고 2012두27787 판결).

종전에 법원은 타인 명의로 주식을 보유하던 중 회사의 유상증자에 참여하여 추가 출자를 하고 그 타인 명의로 새롭게 배정받은 유상신주에 대해서 당초의 명의신탁 주식과 별개로 새로운 명의신탁으로 보아 증여세를 부과할 수 있다고 보았다(대법원 2006. 9. 22. 선고 2004두11220 판결 등). 반면에, 기존의 명의신탁 주식에 관하여 주식 소유자의 추가 출자 없이 그 주식수에 비례하여 무상주를 배정받은 경우에 관해서는 그 무상주가 기존 명의신탁 주식의 변형물에 불과하다는 이유로 별도로 증여세를 부과할 수 없다고 보았다(대법원 2011. 7. 14. 선고 2009두21352 판결).

무상주의 경우와 같은 맥락에서, 기존의 명의신탁된 주식을 처분한 대금으로 다시 취득한 차명주식에 대해서도 특별한 사정이 없는 한 중복적으로 증여세를 부과할 수 없다는 대법원 판결들이 2017년 이후 잇따라 선고되고 있다. 이 역시 재취득한 차명주식이 기존 명의신탁 주식의 변형물 내지 파생물에 불과하다는 취지이다. 최초의 명의신탁 주식이 매도된 후 그 매도대금으로 다시 취득한 주식에 대해 각각 별도로 증여의제규정을 적용하게 되면, 처분 후 재취득이 반복될 경우 증여세액이 무한정 늘어날 수 있고, 애초에 주식이나 그 매입자금이 수탁자에게 증여된 경우에 비해 지나치게 많은 증여세액이 부과될 수 있어서 형평에 어긋나는 점 등을 감안한 것이다.

차명주식에 대해 변형물이나 대체물이 발생한 경우 그 변형물 등에 대해서는 원칙적으로 반복해서 증여세를 부과할 수 없다는 법리가 점차 넓게 인정되고 있다. 우리 세법 규정을 통틀어 명의신탁 증여의제 규정만큼 위헌 시비를 비롯하여 타당성에 대한 논란이 지속되는 경우는 찾아보기 어려운데, 비록 현실적인 규제의 필요성 등으로 인해 법원이 위헌 판단에까지 이르지는 못하였으나 그 적용범위를 가능한 제한하려는 시도는 바람직한 것으로 여겨진다.

명의신탁 주식에 대한 증여세 신고,
증여자를 잘못 기재하더라도 무신고가산세 부과 못한다

김용택 변호사

주식을 타인 명의로 보유하는 경우, 세법은 증여로 의제하여 증여세를 부과한다. 명의신탁된 주식의 명의를 다른 사람으로 변경하는 경우에도, 새로운 명의신탁이 있는 것이 되므로 이에 대해 다시 증여세가 부과된다.

세법은 종래 명의신탁 증여의제의 경우 명의수탁자에게 증여세를 부과하는 것으로 규정하고 있었으므로 명의신탁된 주식의 명의가 다른 사람으로 변경된 경우 새로운 수탁자가 증여세 신고의무를 부담하게 되는데, 이러한 경우 명의만 보유하고 있던 기존 수탁자와 실제 소유자 중 누구를 증여자로 기재하여 증여세 신고를 해야 하는지 논란이 있었고, 이에 관해 최근 주목할 만한 판결이 선고되었다.

사안은 이렇다. 당초 A는 B의 명의로 주식을 보유하고 있었다가, 주식의 명의자를 C로 변경하기로 하였다. 새로운 명의수탁자인 C는 수증자로서 그 주식명의 취득에 관해 실제 소유자 A가 아닌 B를 증여자로 기재하여 증여세를 신고하였고, 과세관청이 그 신고내용대로 증여세 부과처분을 하자 세액을 납부하였다.

그러나 과세관청은 나중에 C 명의로 이전된 주식이 A로부터 명의신탁된 것일 뿐 B로부터 증여받은 것이 아님을 알게 되었다. 과세관청은 C가 A를 증여자로 기재하여 증여세 신고를 했어야 함에도 이를 하지 않은 이상 C가 아예 증여세 신고를 하지 않은 것으로 보아야 한다면서, 종전 증여세 부과처분을 취소하고 C에게 다시 증여세 본세와 함께 거액의 무신고가산세(증여세 산출세액의 20% 또는 40%)까지 부과하였다.

이에 대해 하급심 법원은 증여세 납세의무자가 증여재산의 종류·수량·평가가액 등 기본적인 사항을 충실히 신고하였다면, 설령 증여자를 실제와 달리 신고하였더라도 그 신고의 효력 자체가 없는 것으로 취급하여 무신고가산세를 부과할 수는 없다고 판단하여, C에 대한 가산세부과처분을 취소하였고, 이러한 결론은 최근 대법원 판결에 의해 그대로 확정되었다.

세법은 증여세에 관해 납세의무자에게 신고의무를 부과하고 있으나, 증여세는 납세의무자의 신고만으로 확정되는 것이 아니라, 그 신고와 관계없이 과세관청이 세액을 결정고지해야 하는 부과과세방식의 조세이다, 이러한 유형의 조세에서, 납세의무자의 신고는 과세관청에 대한 협력의무일 뿐 거기에 어떤 기속력이 생기는 것이 아니다. 과세관청은 당초 증여세 신고내용에 오류가 있음을 발견한 경우 처분의 동일성을 해하지 않는 범위 내에서 세액을 다시 계산해서 당초 납부된 세액은 기납부세액으로 공제하고 누락된 세액을 추가로

명의신탁 주식에 대한 증여세 신고, 증여자를 잘못 기재하더라도 …

부과할 수 있다. 이를 '경정'이라고 한다. 이처럼 과세관청은 경정을 통해 오류를 바로 잡을 수 있고, 이러한 경우에는 납세의무자의 신고 자체가 없는 것으로 보아 무신고가산세를 부과할 수 없다.

결국 증여세의 경우 납세의무자가 신고를 하였더라도, 그 신고 내용에 오류가 있는지를 조사하여 정당한 세액을 부과·징수할 책임은 본래 과세관청에 있다. 따라서 증여세에서 납세의무자가 신고의무를 이행함으로써 과세관청으로 하여금 증여세 조사 및 부과처분 발동을 촉구할 수 있는 정도에 이르렀다면 납세의무자로서는 협력의무를 다한 것으로 보아야 하고, 신고내용에 약간의 오류가 있다고 하여 아예 신고 자체가 없는 것으로 보아 무신고가산세까지 부과하는 것은 부당한 측면이 있다.

이러한 법리는 위 사안과 같이 증여자 기재가 잘못된 것으로 확인된 경우에도 마찬가지이다. 즉, 과세관청은 당초 명의수탁자를 증여자로 한 신고 또는 부과가 있은 후 실제 소유자가 증여자로 확인된 경우 세액의 재계산 등을 위하여 필요하다면 사실관계를 재구성하여 경정하는 것이 얼마든지 가능하다. 그런데 과세관청이 위와 같은 방식을 취하지 않고, 종전 과세처분 자체를 취소하고 새로 증여세를 부과하는 방식을 선택하면서 신고 자체가 없는 것으로 취급하여 무신고가산세까지 부과할 수 있다고 볼 것인가? 이는 결국 동일한 과세원인에 대하여 가산세 부과 여부를 과세관청의 일방적인 선택, 즉 자의(恣意)에 맡기는 것이 되는데 이러한 과세는 허용되지 않아야 할 것이다.

우리 헌법상의 기본원리인 평등의 원칙은 세법의 영역에서도 공평과세의 원리로 구현된다. 자의금지의 원칙은 평등권의 침해여부를 가늠하는 중요한 기준이 되는데 얼핏 헌법과 무관한 것처럼 보이는 사례 안에 헌법의 원리가 숨어 있다는 점이 자못 흥미롭다.

명의신탁 주식에 대한 증여세 신고, 증여자를 잘못 기재하더라도 …

이제는 상속세제 개편을 논의할 때

정종화 변호사

최근 모 재벌그룹 회장의 사망 이후 상속인들이 납부하여야 할 상속세의 규모에 관하여 관심이 고조되고 있다. 언론보도에 따르면, 그 상속인들은 대략 2,000억 원 내외의 상속세 부담을 지게 될 것으로 전망되고 있다. 회장 사망 이후 그가 대주주로 있던 계열사들의 주가가 오히려 상승 추세에 있고, 피상속인 사망 전후 각 2개월 동안의 평균 주가를 기준으로 상속세가 산정됨을 고려하면, 향후 주가 변동에 따라 상속세 부담은 더욱 늘어날 수 있다는 것이다. 이러한 막대한 상속세 재원 마련을 위한 상속 주식의 매각, 이로 인해 그룹의 경영권을 행사할 수 있는 지배주주 또는 지배구조의 변동 여부 등에도 상당한 관심이 쏠리고 있다.

이와 같이 재벌그룹의 지배구조에 영향을 줄 정도로 막대한 상속세가 부과되는 주된 이유는 우리 상속세 및 증여세법에 따르면 30억 원 초과 상속재산에 대하여 50%의 상속세율을 적용하고, 경영권 프리미엄이 포함된 최대주주 보유주식에 대하여는 추가로 20~30%의 할증평가를 통해 상속재산의 가치가 산정되므로, 실질적인 상속

184

세율은 최대 65%까지 적용되기 때문이다. 이는 상속인들이 최대주
주로서 보유한 주식의 65% 정도를 상속세로 납부해야 한다는 의미
이다. 극단적으로 발행주식 전부를 보유하고 있더라도 상속세 납부
후 남아 있는 주식보유비율은 35%에 불과하게 되어 기업의 경영권
을 유지할 수 없게 된다.

　상속재산 가액이 30억 원을 초과한 경우 최고세율 50%를 적용
하도록 한 규정이 만들어진 시기는 1999년으로 지금으로부터 무려
20년 전이다. 20년 동안의 인플레이션만 고려하더라도 1999년의 30
억 원과 현재의 30억 원의 가치를 비교하기 힘들 것임은 자명하고,
최근 4차 산업혁명으로 대변되는 급격한 사회변동 아래에서 30억
원이 갖는 사회·경제적 가치는 더욱 작아질 것이다. 일례로, 얼마
전 압구정동 소재 30평대 아파트 가격이 30억 원을 돌파했다는 보
도가 있었는데, 이제는 강남에 아파트 한 채만 있어도 상속세 최고
세율이 적용되는 경우가 생기게 된 것이다.

　OECD 가입국가를 기준으로 비교하면, 우리나라의 상속세 최고
세율 50%는 일본(55%) 다음으로 높고, 최대주주 보유주식에 대한 할
증과세까지 고려하면 가히 세계 최고수준이다. 일정 규모(자산총액 5
천억 원) 이하 기업의 경우 상속세 부담을 덜어주는 가업상속 공제제
도가 있긴 하지만, 매우 까다로운 요건과 요건 불충족 시 세액 추징
등으로 인하여 충분히 활용되지 못하는 실정이고, 가업상속 공제제
도의 활성화를 위한 법률 개정안은 각종 정쟁에 밀려 오랜 기간 국
회에 잠들어 있다. 이로 인하여 창업주들은 자식에게 가업을 물려주

고 싶어도 막대한 상속세 부담이 걸림돌이 되어 평생 일군 기업을 남에게 팔거나, 일감 몰아주기 또는 해외 자본유출 등 편법의 유혹에 빠지게 된다.

이러한 현실을 반영하듯 우리나라에는 100년 이상 장수기업이 채 10개가 되지 않는다고 한다. 일본이 3만 개 이상, 독일이 1만 개 이상의 100년 이상 장수기업을 보유하고 있음과 비교하면, 우리나라의 경우 일제 강점기와 한국전쟁을 고려하더라도 100년 이상 장수기업이 10개 미만이라는 점은 반성이 필요한 대목이다.

오늘날 양극화 해소가 우리 사회의 주요 해결과제로 대두되고 있는 상황에서 상속세가 소득세의 보완세제로서 부를 재분배하고 기회의 형평을 제고하는 등 순기능을 하는 점을 부인할 수는 없다. 하지만, 상속세는 피상속인이 이미 소득세를 납부한 소득에 대해 상속 시에 또다시 세금을 부과한다는 측면에서 이중과세적 요소가 있고, 상속인의 입장에서는 이 역시 소득의 일종인데, 그 세율이 소득세 최고세율(42%)보다 높다는 것은 합리성에 의문이 있다. 최초 상속세 도입 당시 고율의 상속세율을 규정한 것은 과거 탈세가 만연하였던 아날로그 시대에 개별적인 소득자료를 추적할 여력이 없던 상황에서 비교적 세원 발견이 쉬운 상속 시점에 한꺼번에 세금을 걷으려 하였던 정책적 고려가 크게 작용하였다. 이에 반해 각종 소득자료의 전산화 등 조세 인프라가 구축되어 세원 추적이 용이해진 오늘날의 상황에서는 위와 같은 정책적 고려 요인도 대폭 감소된 상황이다. 최근의 국제적인 추세를 보더라도 캐나다, 호주, 오스트리아, 싱가포

르, 중국 등은 상속세를 폐지하였거나 상속세 제도 자체가 없고, 프랑스, 미국 등 선진국들도 세율을 인하하거나 공제범위를 확대하는 등의 방법으로 상속세 부담을 줄이는 추세에 있다. 특히, 자녀 등 직계비속의 가업승계와 관련하여서는 OECD 회원국 대부분이 세율이나 공제혜택을 통해 상속세 부담을 폭넓게 완화시켜 주고 있다.

이러한 흐름에 맞추어 우리 상속세제 역시 기업의 영속성과 경쟁력 제고, 소득세율과의 균형 등을 고려하여 상속세 부담을 합리적으로 조정하는 방안을 모색할 필요가 있다. 물론 상속공제 등으로 인해 실제 상속세 과세대상자는 연간 1만 명에도 미치지 못할 정도로 소수이고, 기업 오너들의 탈법과 도덕적 해이 등으로 인해 기업 적대감이 커지고 있는 상황에서 상속세 부담 감소 논의는 일반 국민들의 반감과 상대적 박탈감을 초래할 가능성이 농후하다.

그러나, 이러한 재벌들의 문제는 다른 방법으로 해결하여야 하고, 상속세제에서 해결방안을 찾는 것은 정당하지 못하다. 과도한 상속세 부담은 필연적으로 기업가들의 기업경영 동기를 위축시키며, 기업들의 성장이 없다면 국가의 성장이나 일반 국민들의 풍요로운 삶도 기대하기 어려운 것이 현실이다. 따라서 기업들의 투명성과 윤리성 제고를 통한 국가사회적 노력과 별도로 세율의 인하나 가업상속 공제제도의 활성화 등 상속세 부담의 완화를 본격적으로 논의하여야 할 필요가 있다.

지방세 및 기타세금에 관한 이야기

IV

로펌변호사가 들려주는
세금이야기

대도시에서 사업용 부동산 살 때 '취득세' 아끼는 방법

김용택 변호사

대부분의 개인이 생활환경이 편리한 대도시에 거주하기를 원하는 것처럼 기업도 사업환경이 좋은 대도시에 사무실을 두기를 원한다. 이러한 기업의 대도시에 대한 수요를 기업들 사이의 자유경쟁 내지 시장경제에만 맡기게 되면 도시의 과밀화 및 과도한 경쟁으로 인한 기업 비용의 증가 등 여러 가지 부작용을 낳게 된다. 국가가 기업의 대도시로의 진입을 취득세 중과 등 조세를 통하여 규제하려는 것은 이러한 자유경쟁에 따른 부작용을 완화하기 위한 데에 그 기본 취지가 있다. 조세의 가장 중요한 기능은 말할 것도 없이 국가재정 수요의 충당에 있지만 이러한 경제정책적 기능도 조세의 주요 기능 중 하나이다. 전통적으로 조세를 시민이 국가로부터 받는 이익의 대가라고 보는 견해와 시민으로서 당연히 부담하는 의무라고 보는 견해의 대립이 있는데, 기업의 대도시 진입에 세금을 중과하는 것은 전자의 사고에 기초한 것이라고 할 수 있다.

사업용 부동산의 취득:
'최저 4.4%~최고 8.4%'의 취득세 중과

기업이 수도권 지역인 대도시 내에서 사업용 부동산을 취득하면 취득세가 '중과세' 되는데 이에 대해 지방세법은 두 가지로 나누어 규정한다.

하나는 대도시에 본점이나 주사무소의 사업용 건축물을 신·증축하는 경우이고, 다른 하나는 대도시에 법인을 설립하거나, 본·지점 등의 사업장을 새로 설치 또는 전입하면서 부동산을 취득하는 경우이다. 전자의 경우 취득세율이 6.8%이고, 후자의 경우 신·증축은 4.4%, 매매 등 유상승계취득은 8%이다. 위 두 가지에 모두 해당하는 경우에는 세율이 8.4%다.

당초에는 대도시 내 사업장 업무와 무관하게 부동산을 취득했더라도, 5년 안에 그 부동산을 사업장 용도로 사용하게 되면 취득세가 중과세 된다.

구체적으로 중과세가 적용되는 모습을 보면 △중과세되는 지역의 범위(과밀억제권역과 대도시) △부동산과 사업장과의 관계 △부동산을 취득하는 방법과 시기 등 여러 부분에서 요건이 조금씩 다르다.

문제는 이를 규정한 지방세법 규정이 이해하기 어렵게 돼 있다는 것이다. 나름대로 절세 계획을 세워 사업용 부동산을 취득했는데도 예기치 않게 세금폭탄을 맞는 경우가 종종 발생하고, 심지어 과세관청과 법원마저도 각 중과세 요건을 해석하는 과정에서 혼란을 겪고 있는 실정이다.

'대도시→대도시' 중과세 대상 아니다 하지만…

기업이 대도시 내에 신규로 사업용 부동산을 취득하는 것이 아니라, 이미 대도시에 설치된 사업장을 대도시 안에서 이전하면서 부동산을 취득하는 경우에는 어떻게 될까?

대법원은 여러 차례 대도시 내 부동산 취득세를 중과세하는 취지가 '대도시 내의 인구 유입과 산업 집중을 막기 위해서'라고 해석하고 있다. 그렇다면 이미 대도시 내에서 영업을 하던 사업장이, 같은 대도시 내에서 이전하는 경우에는 새로운 인구유입이나 산업집중의 증가가 있다고 보기 어려우니 중과세할 수 없을 것이라고 생각할 수 있다.

대법원도 원칙적으로 대도시 내의 어느 한 도시에서 다른 도시로 이전할 경우 대도시 내로의 신규진입(전입)에 해당하지 않으므로, 그 과정에서 취득한 부동산은 중과세 대상이 아니라는 입장이다.

'대도시→서울' 이전은 '중과세 대상'

그러나 여기에도 예외가 있다. 즉, 서울 외의 대도시에서 서울로 이전하는 경우는 대도시 내로의 전입으로 간주되고, 이 경우 취득하는 부동산이 서울 내에 소재하고 있으면 중과세대상이다.

또 대도시에 본·지점 등을 설치, 전입한 후 5년 이내에 부동산을 취득하면 그 용도를 불문하고 중과세된다. 즉 대도시 내에서 사업장을 이전하면서 부동산을 취득하는 경우(비록 그 이전이 새로운 전입에 해당하지 않더라도) 그 취득 시점부터 역산하여 5년 내에 대도시 내에 본·지점 등의 사업장을 신규로 설치, 전입한 사실이 있다면 중과세 대상이 될 수 있다.

'5년 후' 취득해야 중과세 면제

따라서 대도시 내에서 사업장을 이전할 경우 중과세를 피하기 위해서는 처음 대도시 내에 본·지점 등의 설치, 전입 시점(서울로의 이전에서는 그 이전시점)을 기준으로 5년이 지난 이후에 부동산을 취득할 필요가 있다.

만일 이전 대상이 본점이나 주사무소라면, 위와 같은 방법만으로도 부족하다. 대법원은 본점이나 주사무소의 사업용 건축물을 신축 또는 증축하는 것은 대도시 내에서의 이전인지 여부를 불문하고 중과세 대상으로 보고 있기 때문이다.

결국 대도시 내에서 본점이나 주사무소를 이전하면서 그 사업용으로 부동산을 취득할 때는, 처음 본점이나 주사무소의 설치, 전입 시점을 기준으로 5년이 지난 이후에 부동산을 취득하되, 새 사업장을 신축하지 않고 기존 부동산을 승계 취득해야 중과세를 피할 수 있다.

현행법상 대도시 내 취득세 중과세에 관한 규정이 매우 복잡해 일반인이 중과세 여부를 가늠하는 것은 쉽지 않으나 최소한 취득세 중과제도가 있다는 것만이라도 염두에 두면 예기치 않은 손해를 피할 수 있을 것이다.

　모든 기업활동에는 항상 세금문제가 따른다는 점을 염두에 두고 행동하는 것과 그렇지 않은 것은 시작의 작은 차이가 결과의 큰 차이로 이어지는 좋은 본보기라 할 수 있다.

대도시에서 사업용 부동산 살 때 '취득세' 아끼는 방법

취득세에 대한 유감

오태환 변호사

　지방세로서 지방자치단체의 세수(稅收)에 상당한 기여를 하고 있는 것이 취득세이다. 취득세의 과세 대상은 생각보다 넓다. 대표적인 부동산은 물론, 차량, 기계장비, 광업권, 어업권, 골프장회원권, 콘도미니엄 회원권 등의 자산을 취득할 때 부담하는데, 부동산을 구입하는 경우 농어촌특별세 등 부가세를 포함하면 세율이 최고 4.6%에 이르는 등 적지 않은 금액이다.

　취득세도 다른 세금들과 마찬가지로 세금을 부담할 능력에 대해 과세되는 것이 원칙인데, 문제는 판례에 의해 유통세라는 특성이 부여되면서 일반인이 납득하기 어려운 사례가 발생한다는 점이다. 아래에서 구체적인 내용을 살펴보자.

　A라는 분이 열심히 저축한 끝에 아파트를 분양받아 내 집을 장만하고 등기까지 마쳤다. 그런데 기쁨과 설렘은 잠시, 예상과 달리 아파트의 시세가 하락하기 시작하여 2년쯤 지나 급기야 분양대금보다 밑돌게 되었고, 이에 시세하락분에 상응하는 금액만큼을 잔금에서 공제받았다. A는 당연히 등기 당시 납부한 취득세도 감액될 것으

로 기대하고 세무서에 차액을 돌려 달라고 청구하였다. 받아들여졌을까?

최근 대법원은 매매계약에 따른 소유권이전등기가 마쳐진 이후 매매계약에서 정한 조건이 사후에 성취되어 대금감액이 이루어졌다 하더라도 당초의 취득가액을 기준으로 한 적법한 취득행위가 존재하는 이상 취득행위 당시의 과세표준을 기준으로 성립한 조세채권의 행사에 아무런 영향을 줄 수 없다고 하면서 A의 청구를 받아들이지 않았다(대법원 2015두57345 판결). 또한 잔금을 모두 지급하지 않은 채 소유권이전등기를 마친 후 잔금 지체를 이유로 매매계약 자체가 해제되어 소유권이전등기가 말소된 사례에서 여전히 취득세를 부담하여야 한다는 판례도 있다(대법원 2018두38345 판결).

흔히 법관이나 변호사 등 법률을 다루는 전문가들은 논리적인 사고나 판단을 중요한 덕목 중 하나로 생각한다. 사회의 복잡한 거래나 행위들을 잘게 분석하여 각각의 의미를 확정하고, 그 단계마다 별개의 법적 효력을 부여함으로써 전체를 논리적으로 연결시키는 것을 이른바 법적 사고능력(legal mind)이라고 생각하는 것이다.

앞서 본 판결은 궁극적으로 취득하게 된 자산의 크기와 액수가 얼마인지 혹은 사정이 변경되어 결과적으로 아무것도 취득하지 못하였더라도 각각의 법률행위를 분리한 후 그 행위마다 별개의 효력을 부여함으로써 무조건 취득세는 납부하여야 한다는 논리에 따른 것이다. 그러나 이러한 결론이 국민의 눈높이에 맞는 설득력 있는 것인지는 의문이다. '내가 무엇인가 가치 있는 것을 가지게 되었을 때 그

가격에 맞는 세금을 내야 하는 것'이 국민의 상식적인 생각이 아닐까?. 취득세와 관련하여 누구나 쉽게 수긍할 수 있는 합리적인 결론과 그와 같은 결론에 이르는 명쾌한 새로운 법리의 출현을 기대해 본다.

주식만 매수했는데
부동산까지 취득한 것으로 본다고?

오태환 변호사

　법인이 세금을 체납하는 경우 주주도 연대책임을 부담하는 지에 관하여 궁금해 하는 사람들이 있다. 상법상으로는 주주유한책임 원칙에 따라 이러한 경우 주주가 책임을 부담하지 않는다. 그런데 세법상으로는 주주 1인과 특수관계인들의 소유주식 합계가 해당 법인 발행주식총수의 50%를 초과하면서 그에 관한 권리를 실질적으로 행사하는 경우에는 그 주주가 법인의 체납세액을 납부하여야 한다. 이것이 이른바 과점주주의 2차 납세의무이다.

　법인의 과점주주는 이와 다른 납세의무를 부담하는 경우도 있다. 지방세법은 법인의 주식 또는 지분을 취득하여 과점주주가 되었을 때에는 그 과점주주가 해당 법인의 부동산 등을 취득한 것으로 보아 취득세 납세의무를 부담시키고 있다(지방세법 제7조 제5항). 이를 간주취득세라고 하는데, 이는 과점주주가 해당 법인의 재산을 처분하거나 관리, 운용할 수 있는 지위에 있어 실질적으로 그 재산을 직접 소유하는 것과 다르지 않다고 보기 때문이다.

그런데 이러한 간주취득세는 아무런 제한 없는 무조건의 책임일까?

　아파트 건축 시행사업을 영위하는 A회사는 경영난에 처하게 되자 회사의 부도를 막기 위해 대출금 채무를 연대 보증한 시공사에 회사의 경영권을 양도하기로 하였다. 그런데 시공사는 사업권 양·수도 과정에서 혹시 모를 우발채무가 발생할 것을 우려하여 당시 A회사의 지배주주인 甲에게 나머지 A회사 주식을 모두 취득하여 이전해 줄 것을 요구하였고, 이에 甲은 A회사의 주식을 모두 취득하여 1인 주주가 된 후 주식 전부를 시공사에 양도하였다. 그러자 과세관청은 甲이 A회사의 잔여 주식을 전부 취득함에 따라 과점주주가 됨으로써 당시 A회사가 보유하던 건설용지를 간주취득하였다는 이유로 그 가액을 과세표준으로 하는 취득세 등을 부과하였다. 물론 A회사는 건설용지를 취득할 당시 취득세는 이미 납부하였다. 과연 이러한 사례까지 甲이 간주취득세를 부담하는 것일까?

　최근 대법원은 간주취득세가 실질적으로 이중과세에 해당하는 것임을 전제로 모든 과점주주에게 간주취득세를 부과해서는 안 되고, 의결권 등을 통하여 법인의 운영을 사실상 지배할 수 있는 과점주주에게만 간주취득세를 부과하여야 한다고 판시하였다(대법원 2019. 3. 28. 선고 2015두3591 판결). 즉, 위 사례에서 甲은 단지 사업권을 양도하기 위하여 A회사의 잔여 주식을 취득한 것이고, A회사의 1인 주주가 된 직후 모든 주식을 시공사에 양도하였으므로, 그 주식 비율의 증가분만큼 A회사의 운영에 대한 지배권이 실질적으로 증가하였다고 보기 어렵고 따라서 간주취득세를 부담하는 과점주주가 아니라고 판단한 것이다.

'간주'의 사전적 정의는 '상태, 모양, 성질 따위가 그와 같다고 봄 또는 그렇다고 여김'으로, 법적으로는 그 사실이 진실이냐 아니냐를 불문하고 그렇다고 단정해 버리고 거기에 일정한 법적 효과를 부여하는 것을 의미한다. 추정과 달리 반증을 들어 그 효과를 전복할 수도 없다. 이와 같은 간주의 법적 효과에 비추어, 형태가 전혀 다른 주식의 취득을 부동산의 취득으로 보려면 그 담세력이 실질적으로 동일하여야 함은 당연하다. 다행히 법은 '과점주주'의 의미에 관하여 단순히 회사의 주식을 100분의 50을 초과하여 보유할 뿐 아니라 그에 관한 권리를 실질적으로 행사하는 자를 말한다고 규정하고 있다 (지방세기본법 제46조 제2호 참조). 주식을 통해 법인의 경영권을 지배함으로써 사실상 개인회사를 경영하는 것과 동일하게 평가할 수 있는 경우 담세력이 동일하다고 보아 양쪽을 세법상 동일하게 취급하겠다는 것으로 이해된다. 그렇다면 위 법 규정에서 '권리를 실질적으로 행사하는 자'의 범위를 엄격하게 제한하여 해석하는 것은 불가피하다. 위 대법원 판결은 이와 같은 법리를 확인한 것으로서 타당하다.

주식만 매수했는데 부동산까지 취득한 것으로 본다고?

타인 명의로 취득한 부동산,
잘못하면 취득세 두 번 낸다

김용택 변호사

A는 2006년경 B로부터 토지를 매수하고 매매대금을 모두 지급한 후, 명의신탁약정에 따라 C의 명의로 소유권이전등기를 마쳤다. 과세관청은 A가 위 토지의 실제 취득자라는 이유로 A에게 취득세를 부과하였고, A는 이를 납부하였다.

그 후 A는 위 토지에 관하여 등기명의를 정리하기 위해 C로부터 자신 명의로 소유권이전등기를 하면서 일단 과세관청에 취득세를 납부하였다가 납부한 세액을 환급해 달라는 경정청구를 하였으나, 과세관청은 이를 거부하였다.

이에 대해 최근 대법원은 A가 자신의 명의로 소유권이전등기를 마친 것은 새로운 취득에 해당하지 않는다는 이유로, 나중에 낸 취득세를 환급해 주어야 한다고 판결하였다(대법원 2018. 3. 22. 선고 2014두43110 전원합의체 판결).

부동산 실권리자명의 등기에 관한 법률('부동산실명법')에 따르면, 부동산에 관한 명의신탁약정은 무효이고, 그에 따른 등기의 효력도 원칙적으로 무효이다. 이러한 민사법리에 따라 세법에서도 명의신탁 약정에 따라 명의신탁자로부터 명의수탁자 앞으로 소유권이전등기 가 된 경우 명의수탁자에게 취득세 납세의무가 성립하지 않는 것으 로 해석하고 있다.

문제는 명의신탁자가 3자로부터 부동산을 매수하면서 명의수탁 자를 내세워 등기를 이전받는 경우이다. 여기에는 두 가지 유형이 있다.

첫 번째 유형은, 명의신탁자와 명의수탁자가 명의신탁약정을 맺 고, 명의수탁자가 매수인으로 나서서 매도인과 매매계약을 체결하는 이른바 '계약명의신탁'이다. 이에 관하여 부동산실명법은 매도인이 명의신탁약정이 있다는 사실을 알지 못했다면 명의수탁자가 당해 부 동산에 관한 완전한 소유권을 취득하는 것으로 규정하고 있다.

두 번째 유형은, 명의신탁자가 매도인으로부터 부동산을 양수하 면서 명의수탁자와 사이에 명의신탁약정을 하여 매도인으로부터 곧 바로 명의수탁자 명의로 해당 부동산의 소유권이전등기를 하는 '3자 간 등기명의신탁' 혹은 '중간생략형 등기명의신탁'이다. 이 경우는 명 의신탁자가 계약의 당사자가 되면서 단지 그 소유명의만을 명의수탁 자 앞으로 두는 것이다. 부동산실명법상 이러한 명의신탁약정 및 등 기이전은 효력이 없으므로 여전히 매도인이 소유권을 보유하나, 판 례는 매도인과 명의신탁자 사이의 매매계약 효력은 인정된다는 입장 이다. 즉, 3자간 등기명의신탁에서 명의신탁자는 일반 매매계약의 매수인과 동일한 지위를 보유하므로, 여전히 매도인을 상대로 매매계약에 따른 소유권이전등기를 구할 수 있다.

앞에서 본 판례의 사안은, 이 중 후자인 '3자간 등기명의신탁'으로서 비록 그 소유권이전등기가 무효라고 하더라도, A는 매수인으로서 잔금지급일을 기준으로 취득세 납세의무를 부담하고, 나중에 A 명의로 다시 소유권이전등기를 정리한 것은 새로운 취득으로 볼 수 없어 추가로 취득세 납세의무가 발생하지는 않는다고 판단한 것이다.

이와 달리 앞에서 본 '계약명의신탁'에 따라 등기가 이루어지고, 매도인이 명의신탁약정이 있다는 사실을 알지 못했다면 취득세는 누가 납부하여야 할까? 이러한 사례를 명시적으로 다룬 판례는 아직 없으나, 법리상 완전한 소유권을 취득하는 명의수탁자가 취득세 납세의무자가 되고, 명의신탁자는 취득세 납세의무를 부담하지 않게 될 것이다. 나중에 명의수탁자가 명의신탁자에게 부동산의 소유권을 이전한다면 새로 부동산을 취득한 것이 되어 그에 따른 취득세를 명의신탁자가 별도로 납부해야 할 것이다.

타인의 명의를 빌린다는 사실 자체는 단순하고 당사자의 인식도 거래의 유형에 따라 크게 달라진다고 보기 어려운데 막상 그 법률 효과는 매우 복잡하고 다양하다. 가장 좋은 것은 타인의 명의를 빌리는 탈법행위를 하지 않는 것이지만, 부득이 이러한 거래에 관여하는 상황에 처하게 된다면 최소한 조세 효과가 매우 복잡하다는 사실은 꼭 염두에 두어야 할 것이다.

집을 판 사람은 없는데, 산 사람은 있다고?

　　최근 취득세와 관련한 대법원 판결이 다수 선고되고 있다. 새로운 판결은 아니다. 부동산 취득세는 유통세의 일종이어서 부동산에 관한 매매계약을 체결하고 매매대금을 지급하면 소유권이전등기를 마치지 않은 경우라 하더라도 취득세 납세의무가 성립하고, 그 후 매매계약이 해제되더라도 취득세 납세의무에는 아무런 영향이 없다는 취지의 판결들이다.

　　수십 년간 유지되어 온 판결로 위와 같은 대법원의 입장은 요지부동이다. 하지만 필자는 언젠가는 판례 변경이 될 것으로 확신한다. 그 내용을 살펴보기로 한다.

　　간단한 예를 들어보자. 갑이 을에게 그 소유의 토지를 매도하고 매매대금을 모두 지급받았다. 을이 그 명의로 이전등기를 완료하지 않은 상태에서 갑과 을은 매매계약을 해제하기로 합의하고 갑은 을에게 매매대금으로 지급받은 돈을 모두 되돌려 주었다.

　　이 경우 갑은 양도소득세를 납부할 의무가 없다. 대법원은 위 예에서 갑이 양도소득세 신고를 하여 납세의무가 확정되었더라도,

205

갑과 을이 합의로 매매계약을 해제하면 계약의 효력이 소급하여 상실하고, 그로 인해 매도인 갑에게 양도로 인한 소득이 없는 것이 되므로 갑은 양도소득세 납부의무가 없다는 입장을 일관되게 취하고 있다.

그런데 대법원은 위 예에서 토지를 매수한 을의 취득세 납부 의무는 존재한다고 보는 것이다.

취득세는 본래 재화의 이전이라는 사실 자체를 포착하여 거기에 담세력을 인정하고 부과하는 유통세여서 취득자가 실질적으로 완전한 내용의 소유권을 취득하는가 여부에 관계없이 사실상의 취득행위 자체를 과세대상으로 한다는 것이 그 이유이다.

결국 위 예에서 갑은 양도소득세를 납부할 의무가 없지만, 을은 취득세를 내야 한다는 것이 대법원이 수십 년간 일관되게 취하고 있는 입장인 것이다.

그러나 갑과 을이 체결한 매매계약의 효력이 그 합의해제로 인해 소급하여 상실하였다는 점에 대해서는 이론이 있을 수 없고, 이는 갑과 을에게 동일하게 적용되는데, 대법원이 갑에게는 양도가 없는 것으로 보아 양도소득세를 납부할 의무가 없다고 하면서 상대방인 을에 대해서는 여전히 취득이 있는 것으로 보아 취득세를 납부할 의무가 있다고 하는 것은 논리적으로 모순되고 국민들의 법 감정상으로도 쉽게 납득하기 어렵다.

조세법적 측면에서 보면 위 경우 을에게 취득세를 부과하는 것은 담세력이 없는 대상에 과세를 하는 것이 되어 응능과세의 원칙에 반한다.

취득세가 유통세라는 것은 대상 재산의 유통이 유효한 것을 전제한다고 보아야 한다. 그 명칭이 어떠하든 취득세는 결국 재산을 취득하였다는 사실에 담세력이 있다고 보아 부과하는 세금으로서 보유세와 그 행보를 같이 한다. 취득하지 않은 것에 대하여 취득세를 부과하는 것은 그 자체가 모순이다.

매매계약이 해제된 경우 취득세를 되돌려달라고 하는 소송이 끊이지 않는 이유를 생각해 볼 필요가 있다. 말할 것도 없이 국민들 입장에서 자신이 왜 세금을 내야 하는지 납득할 수 없기 때문이다. 판례의 변경이나 입법의 보완 등 국민들이 납득할 수 있는 합리적인 변화를 기대해 본다.

집을 판 사람은 없는데, 산 사람은 있다고?

종합부동산세, 징벌 수단으로 악용 말아야

정종화 변호사

　근래 사람들이 모인 자리에서 빠지지 않는 주제는 치솟는 집값과 그로 인한 불안심리이다. 아직 '내 집 마련'의 꿈에 이르지 못한 사람은 꿈 실현에 대한 요원함으로, 이미 집을 보유한 사람들은 그들대로 대출금 상환에 대한 어려움이나 다주택자 규제에 관한 부담 등으로 각자의 걱정을 쏟아내기에 여념이 없다. 이러한 가운데 얼마 전 정부는 서울 및 수도권 중심의 부동산 시장 과열과 매물부족, 투기수요 억제 등의 문제를 해결하기 위해 소위 '9·13 대책'을 발표하면서 그 내용으로 종합부동산세 개편안을 포함시켰다. 종합부동산세가 무엇이길래 정부는 이를 통해 부동산 시장을 안정시키려는 것일까?

　종합부동산세는 재산세와 함께 부동산 보유라는 사실에 대한 세금을 부과하는 이른바 '보유세'의 일종으로, 2005년 1월 15일 기존의 종합토지세를 폐지하고 신설되었다. 부동산 보유세는 1차적으로 낮은 세율의 재산세를 과세하되, 개인별로 보유한 부동산의 공시가격 합계액이 일정 기준액(주택의 경우 6억 원, 1세대 1주택자는 9억 원) 초과 부분에 대하여는 높은 세율의 종합부동산세를 과세한다.

정부가 발표한 종합부동산세 개편안의 요지는 다주택 보유자, 고가주택 보유자에 대한 과세강화이다. 구체적으로 '9·13 대책'은, 3 주택 이상 보유자와 조정대상지역(서울, 세종, 부산, 경기 일부 등) 2주택 보유자에 대해 주택분 종합부동산세 세율을 최고 3.2%로 중과함과 동시에 세부담 상한(전년도 세액 대비 인상율)을 150%에서 300%로 인상하고, 과세표준 3억 원~6억 원 구간을 신설하여 세율을 기존의 0.5%에서 0.7%로 인상하며, 부동산 공시가격에 대한 종합부동산세 과세표준의 비율을 의미하는 공정시장가액비율을 현행 80%에서 2022년까지 매년 5%씩 100%까지 인상하는 것을 주요내용으로 하고 있다.

이러한 개편안에 대해, 비정상적 부동산 시장상황에 대한 대책의 필요성은 충분히 공감하면서도 우려의 시각도 함께 존재한다. '소득 있는 곳에 세금 있다'는 격언처럼 과세의 가장 기본적인 전제는 '소득의 발생'인데, 보유세는 실현되지 않은 소득에 대해 과세하는 것이기 때문이다. 예컨대, 별다른 소득 없이 고가의 주택 한 채만 보유한 은퇴 세대는 주택가격 상승에 따른 종합부동산세 세율 및 공정시장가액비율 인상으로 인해 가계소비를 축소하거나 주택 자체를 처분하여 세금을 납부해야 하는 문제가 발생할 수 있다.

보유세 강화를 통한 국가정책 목적의 실현은 적절한 균형점을 찾는 것이 무엇보다 중요하다. 참고로, 미국의 경우 부동산 보유세는 취득가격 기준으로 단일 세율을 적용하여 산정되는데, 이 경우 납세자는 당초 부동산 취득 시에 자신의 보유세 부담능력을 고려하여 부

종합부동산세, 징벌 수단으로 악용 말아야

동산 매수 여부 및 매수대상을 결정할 수 있고, 보유기간 내내 부동산 가격의 등락과 무관하게 자신이 취득할 당시 예상한 보유세를 납부하게 된다. 납세자가 부동산 취득 당시 향후 조세부담을 예상할 수 있으므로, 당연히 조세저항이 적을 수밖에 없다.

종합부동산세를 부유함에 대한 조세라는 의미로 종부세(從富稅)라고 부르는 우스갯소리도 있는 것처럼 종합부동산세는 빈부의 차이를 가장 민감하게 반영하고 그에 따라 조세의 기능 중 하나인 소득의 재분배 기능을 수행하는 데 중요한 역할을 수행함을 부인하기 어렵다. 다른 한편, 구체적으로 실현되지 않은 소득에 대한 과세라는 측면에서 납세자의 조세저항 및 계층간 갈등을 야기할 소지가 큰 조세이기도 하다. 조세의 두 가지 원리로 효율과 공평이 있는데, 여기서 효율이란 결국 모든 국민의 합심을 이끌어 낼 수 있는 적정한 과세를 말한다고 보면 크게 틀리지 않을 것이다. 종합부동산세에 관하여도 가장 효율적인 지점을 찾아 실질적 공평의 이념을 달성하는 지혜로운 입법과 이에 관한 국민적 합의를 기대해 본다.

'주유소 폐업정리' …
유류세 카드수수료는 '몽땅' 주유소가?

어느 날 출근길에 보니 전에 문전성시를 이루던 주유소에 폐업 정리 중이라는 간판이 걸려 있었다. 들리는 얘기에 유류세 때문에 문을 닫는다고 하는데, 도대체 유류세가 무엇이기에 성업을 이루던 주유소를 문 닫게 했는지 궁금했다. 우리 법률에 유류세라는 세목이 별도로 존재하는 것은 아니다. 원유 수입에 따른 관세, 휘발유와 경유에 부과되는 교통·에너지·환경세, 등유 등에 부과되는 개별소비세, 자동차 주행에 대한 자동차세 등을 모두 합해 유류세라고 부른다. 주유소에서 휘발유나 경유를 주유하고 내는 유류대금의 약 절반이 유류세에 해당한다.

법률상 유류세를 납부할 의무는 유류를 제조하여 반출하는 정유회사에 있다. 정유회사는 산유국으로부터 원유를 수입하여 정제한 후, 유류세를 국세청에 먼저 납부한 다음, 각종 비용과 이윤에 기 납부한 유류세를 가산한 공장도가격으로 유류를 주유소에 공급하고, 주유소는 정유회사로부터 유류세가 포함된 공장도가격으로 유류를

211

공급받은 다음 이에 각종 비용, 이윤, 부가가치세를 가산한 가격으로 소비자에게 유류를 판매한다. 결국 유류의 유통과 유류세 징수과정은 최종적으로 소비자가 부담하는 구조로 구성되어 있다.

이처럼 유류세는 법률상 납세의무자는 정유회사이지만 그 실질적 부담은 주유소 등 유통단계를 통해 최종 소비자에게 전가될 것이 예정되어 있는 간접세이다. 문제는 소비자가 주유소에서 유류를 공급받고 그 대금을 지급하는 경우 신용카드를 사용하는 경우가 대부분이라는 점이다. 소비자가 신용카드로 유류대금을 결제할 경우, 주유소는 소비자의 신용카드 사용을 거부할 수 없는 법률상 의무를 부담하는 한편 유류 매출액을 기준으로 1.5~3.5%의 가맹점수수료를 온전히 부담하게 된다.

유류대금 중 유류세가 절반 가량을 차지하는데, 유류세는 주유소가 국가를 대신하여 소비자로부터 징수한 후 정유사를 통해 국가에 납부함에도 불구하고 그에 대한 신용카드 가맹점수수료는 온전히 주유소가 부담하게 되어 유류세의 징수는 '수익자 비용부담의 원칙'에 반하는 구조적인 문제를 안고 있다.

위와 같은 유류세 징수과정의 구조적 문제로 인해 1차적으로 주유소가 유류세에 대한 신용카드 가맹점수수료 부담을 떠안게 되고, 2차적으로 그 부담이 소비자에게 전가되고 있다. 반면 국가는 신용카드 사용을 법으로 강제하고, 주유소로 하여금 국가의 유류세 징수사무를 실질적으로 대행하도록 하면서도 아무런 비용을 부담하지 않고 있다.

국가는 주유소가 국가의 유류세 징수사무를 대행하는 것에 대해 정당한 보상을 해야 한다. 주유소 홀로 유류세 부담을 떠안고 있는 현재의 불합리한 징수구조를 개선하고, 궁극적으로 국민의 유류 사용에 따른 경제적 부담을 줄여 주어야 한다.

국민이 신용카드로 국세를 납부할 경우 국가는 국세납부대행기관(사단법인 금융결제원)에 납부세액의 일정비율로 계산한 납부대행수수료를 지급하고 있고, 지방세의 경우에도 카드회사가 지방자치단체로부터 가맹점수수료를 받지 않는 대신 일정기간 동안 징수한 지방세를 운용할 수 있도록 하는 이른바 '신용공여' 방식을 통하여 카드회사의 손해를 보전해 주고 있다. 이와 비교해 보더라도 국가의 유류세 징수사무를 실질적으로 대행하고 있는 주유소에 대한 보상은 형평의 원칙상 반드시 필요하다.

국가는 각종 세금의 징수과정에 불합리가 없는지를 항상 살펴야 하고, 불합리한 면이 발견되는 경우에는 당장 세수가 감소되는 부정적 효과가 발생하더라도 과감하게 그 불합리를 개선해야 한다. 그것이 장기적인 관점에서 국가의 조세정책에 대한 국민의 이해와 자발적인 협력을 얻을 수 있는 길이다.

경마팬도 모르고 내는 '레저세', 어디 쓰이나?

정재웅 변호사

　지난 주말 모처럼 가족과 함께 과천 서울대공원 나들이에 갔다
가 오후 6시 무렵 인접한 과천 서울경마장에서 갑자기 쏟아져 나오
는 차량들 때문에 깜짝 놀란 적이 있다. 주말 경마가 끝나자 서울경
마장을 찾은 차량들이 한꺼번에 몰려나온 것이다.

　현장에서 경마를 즐길 수 있는 곳은 본장이라고 불리는 과천의
서울경마장 이외에도 부산의 부경경마장, 제주의 제주경마장이 있
다. 그 외에도 전국적으로 30여 곳의 화상경마장(장외발매소)이 있다.
장외발매소는 경마장 외의 장소에서 마권의 발매 등을 처리하기 위
한 시설로 한국마사회법에 근거해서 설치된다.

　국민소득 증대와 주5일제 근무 정착으로 레저활동에 대한 국민
의 관심이 날로 높아지고, 레저를 즐기는 인구도 급증하고 있다. 그
러나 일정한 레저활동은 사행산업으로 취급되어 레저세가 부과되고
있다. 경마, 경륜, 경정이 대표적이다. 얼마 전 2015년 개장한 용산
장외발매소가 주민들과의 갈등으로 인해 결국 폐쇄를 결정했다는 언
론보도가 있었는데, 세법적 차원에서 문제 해결에 도움을 줄 수 있

214

는 방법은 없었는지 궁금했다.

용산 장외발매소 주민들의 불만은 장외발매소가 위치해 있어 교통혼잡, 교육 및 주거환경 훼손 등의 외부불경제 효과가 발생한다는 것이다. 우리나라 지방세법은 사행산업과 관련하여 이를 규제함과 동시에 사행산업의 특성상 불가피하게 유발되는 외부불경제 효과에 대한 일종의 대가 성격으로 레저세를 두고 있다. 경마의 경우 승마투표권을 매수하는 금액의 10%가 레저세에 해당한다. 2016년의 경우 경마 레저세 총액은 7,000여억 원으로 알려져 있다.

그런데 경마 레저세가 어디에 납부되어 사용되는지를 제대로 아는 사람은 거의 없다. 서울경마장 등 본장에서 발생한 레저세는 그 전부가 본장이 소재한 도에 납부되고, 장외발매소에서 발생한 레저세는 본장이 소재한 도에 50%, 장외발매소가 소재한 도에 50%씩 납부된다. 장외발매소가 소재한 기초지자체에는 장외발매소가 소재한 도에서 징수교부금으로 3%를 분배해 준다.

이처럼 장외발매소가 소재한 지역에 직접적인 외부불경제 효과가 발생하고 있음에도, 장외발매소에서 발생하는 레저세 총액 대비 장외발매소 소재 기초지자체에 대한 분배비율은 1.5%에 불과하다. 조정교부금 제도를 통해 장외발매소 소재 기초지자체에 대한 레저세 추가 분배가 있지만, 이는 광역지자체 관할 기초지자체 간의 재정력 격차 조정이라는 조정교부금 제도의 취지상 장외발매소 소재에 따른 외부불경제 효과에 대한 직접적인 보상이라고 보기 어렵다. 때문에 지금과 같은 수준의 장외발매소 소재 기초지자체에 대한 레저세 분배만으로는 장외발매소에서 유발되는 외부불경제 효과 및 그에 따른 지역 주민들과 기초지자체의 불만을 해결하기 어렵다.

레저활동의 일환으로 경마에 대한 국민의 관심도가 높아지고 있어, 앞으로도 장외발매소 설치는 늘어날 것으로 예상된다. 그럼에도 현재의 상황은 직접적으로 외부불경제 효과가 발생되고 있는 장외발매소 소재 기초지자체가 아니라 그 지자체가 소속된 광역지자체인 도에 레저세 대부분이 귀속되고 있다. 이는 명백히 지방세 과세원칙의 하나인 응익성(應益性)의 원칙에 반한다.

교통혼잡, 교육 및 주거환경 훼손 등의 피해를 보는 곳과 그 피해 회복을 위해 사용될 레저세의 수혜를 보는 곳이 달라서는 안 될 것이다. 세금은 걷는 것도 중요하지만 당초 부과 목적에 맞게 사용하는 것도 중요하다. 용산 장외발매소 폐쇄와 같은 일이 재발하지 않고, 장외발매소가 건전한 레저장소로 자리잡을 수 있도록 관련 법령의 개정이 시급하다.

금융사들이 왜 교육세를 낼까?

현 정부 출범 이후 언론에 자주 등장하는 말 중의 하나가 적폐청산이다. 필자는 적폐청산의 의미를 둘러싼 현재의 정치적 의견 다툼에 관하여는 전혀 관심이 없다. 다만 정치든 조세분야든 오래된 폐단이 있으면 청산을 하는 것이 옳다고 생각하고, 조세분야에 있어서 청산 대상의 하나로 교육세를 살펴보고자 한다.

교육세는 1981년 교육기반 확충을 위하여 학교시설과 교원처우 개선에 소요되는 재원 확보를 목적으로 1986년말까지 5년간 한시적인 목적세로 신설되었다. 그 후 1986년 교육세법 개정 시 적용 시한을 1991년 12월 31일까지로 5년 연장하였다가 1990년말 법 적용시한을 폐지하여 영구세로 전환되었고, 교육세법의 입법목적도 교육의 질적 향상을 도모하기 위하여 필요한 교육재정의 확충에 소요되는 재원 확보로 변경되었다.

이후 2009년 7월 1일부터 시행된 교육세법은 종전에 과세대상으로 열거되어 있지 않던 증권회사, 여신전문금융회사와 한국수출입은행을 교육세 과세대상 금융기관에 추가하였고, 2017년 1월 1일부터 시행된 교육세법은 대부업자와 대부중개업자를 과세대상에 또다시 추가하였다.

현행법상 교육세 납세의무자는 ① 교육세법 별표에 규정된 금융·보험업자와 ② 개별소비세(휘발유, 경유, 프로판, 천연가스, 유연탄 및 담배에 대한 것은 제외)의 납세의무자, ③ 교통·에너지·환경세의 납세의무자 및 ④ 주세(주정, 탁주, 약주에 대한 것은 제외)의 납세의무자이다.

이처럼 현행 교육세는 금융·보험업자의 수익금액을 과세표준으로 하는 것을 제외하고는 독립적인 세원을 가지고 있지 않고, 개별소비세 등 일부 특정 국세 또는 지방세에 부가하는 방식을 취하고 있다.

교원의 처우개선, 과밀학급 완화, 2부제 수업해소, 노후교실 증·개축 등 교육환경 개선에 교육세가 상당부분 기여한 것은 부정할 수 없지만, 조세법적 측면에서 보면 교육세는 문제점투성이다.

먼저 납세의무자 중 ① 금융·보험업자의 경우 수익금액을 과세표준으로 하여 1천분의 5의 세율로 과세하는데, 법문상으로는 총액을 기준으로 과세하는 것처럼 기술되어 있지만(법 제5조 제3항), 세부적으로 들어가면 평가차액이나 부가가치세가 과세되는 가액 등 상당히 많은 금액을 과세대상에서 제외하고 있어(영 제4조 제2항), 사실상 순액 과세에 가까운 형태로 운용되고 있다. 그로 인해 교육세는 과세표준 산정이 매우 어렵고, 납세자와 과세당국 간에 많은 법률 분쟁이 있어 왔다. 그 외에도 금융·보험업자의 교육세와 관련하여 수익금액은 회계상 수익금액의 개념을 사용하면서 귀속시기는 법인세법상 귀속시기를 사용하고 있어 일관성이 없고(법 제7조), 납세의무자의 범위와 관련하여 열거주의를 채택하고 있어 실무상 변화에 대하여 신속하고 합리적 대처를 할 수 없다는 등의 여러 문제점이 지적되고 있다.

하지만 무엇보다 교육세법의 가장 큰 문제는 교육세 혜택과 아무런 상관이 없는 금융·보험업자를 납세의무자로 정하고 있다는 점이다. 교육세는 교육의 질적 향상을 위해 필요한 교육재정의 확충에 소요되는 재원 확보에 목적이 있는 목적세인데, 납세의무자인 금융·보험업자와 교육세 수혜자 간에 직접적인 관련이 없어 목적세의 수익자 부담원칙에 어긋난다.

한시적으로 신설된 교육세가 40년 가까이 유지되어온 것도 그러하거니와, 명색이 목적세임에도 당해 세목의 혜택을 받는 집단이 아니고, 직접적인 관련성도 찾기 어려운 금융기관 등이 담세자가 된다는 점도 이해하기 어렵다. 또한 교육세가 당초 목적에 맞게 사용되고 있는지, 그것을 투명하게 관리, 감독할 장치는 있는지에 관하여도 의구심이 있다. 이러한 점에서 현행 교육세제를 적폐라고 불러도 지나치지 않다는 생각이 든다. 현 정부의 적폐청산 움직임에 맞추어 교육세 전반에 대한 신중한 재검토와 법개정을 기대해 본다.

취중단상

정재웅 변호사

　　세계에서 1인당 술 소비량이 가장 많은 나라 순위에서 우리나라가 11위를 차지했다는 언론보도를 몇 해 전 접한 적이 있다. 필자도 평소 술을 즐기는 편이라 우리나라가 상당히 높은 순위를 차지하는 데 일조를 했다고 생각한다. 하지만 술을 많이 마시는 것에 비해 우리나라의 주세 과세 체계에 대해 아는 사람은 그리 많지 않다.

　　주세 과세 체계는 흔히 종량세와 종가세 방식으로 구분되는데, 우리나라는 종가세 방식을 취하고 있다. 종가세 방식을 취하고 있는 나라는 우리나라와 터키, 멕시코 정도이고, 그 이외 나라들은 종량세 방식을 취하고 있다.

　　종량세는 상품의 수량이나 중량을 기준으로 과세하는 방식인데, 주세에 대하여 종량세를 도입한 국가들은 일반적으로 고도주·고세율 원칙에 따라 알코올 도수를 기준으로 높은 도수의 술에는 높은 세율을 적용하고 낮은 도수의 술에는 낮은 세율을 적용함으로써, 높은 도수의 술 소비를 억제하고 낮은 도수의 술로 소비를 전환하는 정책을 취하고 있다.

종가세는 말 그대로 술의 가격을 기준으로 과세하는 방식이다. 우리나라 주세법은 제21조, 제22조에서 주세에 관한 과세표준 및 세율을 정하고 있다. 주정(酒精) 외의 주류에 대한 주세 과세표준은 주류 제조장에서 출고하는 경우에는 출고가격이 되고, 수입하는 경우에는 수입신고가격이 된다. 세율은 주류의 종류별로 차이가 있으나, 우리나라에서 가장 소비가 많은 맥주나 소주는 모두 72%로 정해져 있다.

우리나라 주세법은 1949년에 제정되었는데, 당시 주세법은 '맥주 매1석 2만 원', '소주 매1석 1만 1천 원'과 같이 종량세 방식을 취하고 있었다. 그 후 1967년 주세법이 개정되면서 지금과 같은 종가세 방식으로 변경되었는데, 변경의 주된 목적은 '세수 증대'에 있었다. 즉 우리나라 경제사정이 매우 어려웠던 시기에 국가의 세수 증대를 위해 주세 과세 체계가 종가세로 변경된 이후 현재까지 그 체계가 그대로 유지되고 있는 것이다.

그러나 주세가 내국세에서 차지하는 비중은 1967년 8%를 상회하던 것이 현재는 약 1.5% 정도로 크게 떨어짐으로써 1967년 주세법 개정 취지는 많이 퇴색되었다.

현재의 종가세 방식이 고가의 술일수록 세 부담이 증가하므로 과세형평 실현에 적합하고, 고가주인 수입 위스키 등에 대한 높은 세 부담을 통해 상대적으로 가격이 낮은 제품 위주의 국내 주류시장을 보호할 수 있는 장점이 있는 것은 사실이다.

그러나 서민들이 부담 없이 소주를 즐길 수 있는 것 못지않게 술소비 억제를 통해 국민의 건강을 증진하는 것이 중요하고 한 발

더 나아가 국민건강증진이 국가의 의무로까지 받아들여지는 시대가
되었다. 또 국내 술도 다양화하고 고급화해서 세계적 경쟁력을 확보
하고 강화해야 된다는 사회적 요구도 커지고 있다. 이와 같은 시대
의 새로운 요구에 부응하기 위해서는 종량세 방식으로의 개편 논의
가 반드시 필요하다.

주세 과세 체계를 어떻게 취하느냐에 따라 술의 가격이 변동되
고 그것은 술 소비율에 직접적인 영향을 주게 되므로 국내주류업체
와 해외주류업체 사이뿐 아니라 서로 다른 주류를 생산 취급하는 국
내주류업체들 사이에서도 주세 과세 체계를 두고 첨예하게 이해가
대립될 수밖에 없다.

최근 맥주에 관하여 종량세 도입이 검토되었으나, 종량세 도입
으로 인한 소주가격 인상 등 소주업계에 미치는 영향으로 인해 맥주
에 대한 종량세 도입 논의가 유야무야 되는 상황은 주세 과세 체계
가 국내주류업계에 미치는 영향이 어떠한지를 여실히 보여준다.

하지만 주세는 담배소비세와 마찬가지로 그 소비를 가급적 억제
하기 위한 일종의 죄악세(Sin Tax)에 해당하므로, 그 과세 체계는 주
류업체들의 이해관계를 따지거나 과거에 우리 정부가 그랬던 것처럼
세수 증대라는 정부의 이익을 위한 방향으로 결정되어서는 안 된다.

과연 어느 과세 체계가 국민에게 보다 이익이 되고, 국민과 사
회의 변화된 시대적 요구에 부응할 수 있는 것인지를 철저하게 따져
야 한다. 그것이 우리나라가 조세 선진국으로 한 걸음 더 나아가는
길이다.

국제거래에
관한 이야기

V

로펌변호사가 들려주는
세금이야기

포켓몬 고, 지도 그리고 국제조세

전완규 변호사

포켓몬 고(Pokemon Go)는 현실에 가상의 이미지나 정보를 덧입혀 보여주는 기술을 위성항법시스템(GPS) 및 구글 지도와 결합시켜 애니메이션 캐릭터인 포켓몬을 수집하는 게임이다. 2016년 7월 미국, 오스트레일리아, 독일, 영국 등에서 출시된 후 선풍적인 인기를 얻었다. 우리나라에서도 거주 지역과 이동 경로 등과 같은 배경화면이 완벽하게 수반되지는 않지만, 강원도 속초, 양양 등 일부 지역에서 포켓몬 고 게임을 할 수 있다는 사실이 알려지면서 평일 속초행 고속버스가 매진되는 열풍이 일어났다.

그러나, 우리나라는 여전히 포켓몬 고 게임의 출시제외 지역이다. 이는 공간정보의 구축 및 관리 등에 관한 법률로 인하여 구글에 5,000대 1 축척 정밀지도 제공이 이루어지지 않아 포켓몬 고 게임의 핵심 기반인 구글 지도에는 국내 정밀지도 데이터가 없기 때문이다.

이러한 사회적 상황 아래에서 구글은 최근 공간정보의 구축 및 관리 등에 관한 법률에 근거하여 콘텐츠 산업 활성화, 국내 관광산업 진흥, 글로벌 서비스의 국내 도입을 통한 국내 소비자 편익 증대

등을 이유로 정밀지도 반출을 신청하였고, 국가정보원, 국방부, 국토교통부, 외교부, 미래창조과학부 등 7개 정부기관이 참여하는 지도반출 협의체는 이를 받아들일 것인지를 둘러싸고 국가 안보, 국내지도기반산업 성장 저해나 국내기업 역차별, 해외관광객 불편, 데이터 센터(서버, sever) 국내 설치 등의 여러 문제에서부터 조세회피의 문제에 이르기까지 심도 있게 검토하고 있다. 바야흐로 포켓몬 고 게임에서 촉발된 구글의 국내 정밀지도 국외 반출 신청이 세금 문제로까지 번지고 있는 것이다.

우리 세법은 내국법인의 경우 소득의 원천지가 국내인지 국외인지를 묻지 않고 모든 소득에 대하여 납세의무를 부담하도록 규정하고 있는 반면, 외국법인의 경우 원칙적으로 국내에 고정사업장(PE: Permanent Establishment)이 있는 경우에 한하여 국내원천소득에 대하여 납세의무를 부담하도록 규정하고 있다. 그런데, 인터넷을 통한 상품 판매사업을 영위하는 외국법인은 세법상 중요하고도 본질적인 기능이 서버에 의해 수행되므로 서버가 위치하는 장소를 국내 고정사업장으로 보고 납세의무를 부과하고 있다.

구글의 경우 구글코리아로 하여금 국내에서 마케팅, 영업 등 일부 업무만 담당하게 하고, 미국, 칠레 등 해외 7개국에만 서버를 둔 채 대부분 서비스를 해외에서 직접 국내 소비자에게 제공하고 있다. 그 덕분에 구글은 세법상 국내 고정사업장이 없는 상태에서 대부분의 서비스를 제공한 것이 되어, 지난 해에만 우리나라에서 약 1조원의 매출을 올렸음에도 이에 상응하는 법인세를 납부하지 않고, 일부

세금만을 납부하는 이른바 절세효과를 누린 것으로 알려져 있다.

여기서 바로 구글의 국내 정밀지도 국외 반출 신청을 둘러싸고 세금 문제가 제기되고 있는 것이다. 즉, 우리나라가 지난 몇 십 년 동안 만든 국내 정밀지도 정보를 굳이 국내에 세금도 제대로 납부하지 않는 인터넷 기반 다국적 기업들에게 무상으로 제공하여야 하는지의 문제가 제기되고 있는 것이다.

포켓몬 고 게임 열풍에서 비롯된 국내 정밀지도 국외 반출 문제는 국가안보, 국내기업 보호 등 여러 가지 사항을 종합적으로 고려하여 합리적으로 해결할 사항이다. 그렇지만, 그 결론이 어떻든 한 가지 분명한 사실은 대기업이나 하는 것으로 알고 있던 국제거래를 이제는 스마트폰을 가지고 있는 사람이라면 누구나 손쉽게 할 수 있게 됨으로써 개인 역시 국제조세 이슈 한가운데 서게 되는 시대를 우리가 살고 있다는 것이다.

'다국적 기업' 조세 환경 변화에 적극 대응할 때다

'다국적 기업(multinational corporation)'은 미국인 행정가 겸 법률가인 D. E. 릴리엔탈(David Eli Lilienthal)이 1960년 처음으로 사용한 용어이다. 제2차 세계대전 이후 국제무역 및 국제투자가 급격히 증가하면서 미국에서 본격적으로 발전하여 현재는 전세계 대기업의 가장 보편화된 사업형태가 되었다. 현재 우리나라만 해도 GE, IBM, 모토로라, 코카콜라 등과 같은 많은 다국적 기업이 들어와 있고, 삼성전자, 현대자동차 등과 같은 우리나라 기업 역시 경제력을 갖춘 다국적 기업으로 자리잡은 상태이다.

다국적 기업이 본격적으로 주목을 받기 시작한 시점은 미국 대기업이 1950년대 유럽 여러 나라에 진출하면서 핵심 산업부분에서 미국 자본이 차지하는 비율이 높아지기 시작하면서부터이다.

다국적 기업에 대한 세원 잠식과
소득이전 방지 프로젝트 진행 및 관련 세법 개정

비용을 최소화하고, 이윤의 극대화를 추구하는 다국적 기업의 입장에서는 국가간 소득이전 등을 통해 세부담을 최소화하는 방안을 찾으려고 노력을 할 것이 쉽게 예상된다. 경제협력개발기구(OECD)는 최근 다국적 기업의 조세회피로 인한 세계 각국의 세수 손실을 매년 1,000억 달러 내지 2,400억 달러로 추정하고 있다. 이는 전세계 법인세 세수의 약 4~10%에 이르는 금액이다. 바야흐로 세계 주요 국가는 다국적 기업의 조세회피 방지에 대한 필요성을 공감하고 OECD를 통해 다국적 기업의 세원 잠식과 소득이전(BEPS: Base Erosion and Profit Shifting) 방지 프로젝트를 진행함으로써 조세피난처(tax shelter)로 인해 발생하는 조세회피를 방지하는 데 노력을 기울이고 있다.

우리나라 역시 최근 몇 년 동안 다국적 기업의 조세회피 방지 및 투명성 제고를 위한 노력 끝에 국외특수관계인과의 해당 과세연도 거래 합계액이 500억 원을 초과하고, 해당 과세연도 매출액이 1,000억 원을 초과하는 다국적 기업에 대하여 개별기업보고서, 통합기업보고서를 제출하도록 하고 직전연도 연결 재무제표 매출액이 1조원을 초과하는 다국적 기업그룹의 최상위 지배 내국법인에 대하여 국가별보고서를 제출하도록 하는 내용으로 국제조세조정에 관한 법령을 개정함으로써 OECD의 조세회피 방지를 위한 국제공조에 적극적으로 동참하고 있다.

다국적 기업이 조세환경 변화에 적극적으로 대응할 때

우리나라가 OECD의 세원잠식과 소득이전 방지 프로젝트를 세법에 반영함에 따라, 국내에 진출한 다국적 기업의 OECD의 세원잠식과 소득이전 방지 프로젝트에 대한 준법(Compliance) 의무는 증가하고, 이로 인하여 다국적 기업의 매출과 비용 및 조세 부담 내역은 공식적으로 투명하게 드러날 수밖에 없게 되었다. 과세관청은 당분간 여기에 중점을 두고 다국적 기업에 대한 세무조사를 강화할 것으로 예상된다.

국제거래를 둘러싼 조세환경은 최근 몇 년 동안 급격히 변화하였다. 시장환경 변화에 제대로 대응하지 못한 기업은 바로 쇠퇴의 길을 걷는다. 조세환경 변화에 시의적절하게 대응하지 못하는 다국적 기업, 특히 해외매출 비중이 높은 기업 역시 세금폭탄을 맞을 수밖에 없고, 이는 곧바로 기업의 경영 위기로 이어질 가능성이 높다.

미리 준비하는 자만이 위험에서 벗어나 새로운 기회를 얻듯이, 앞으로는 변화하는 조세환경에 적극적인 관심을 갖고 전략적으로 대응하는 기업만이 살아남을 수 있을 것이다.

바뀌는 국제조세 정책 ··· 손해 안 보는 방법은?

전완규 변호사

지난 가을에 국제조세분야 올림픽이라 불리고 있는 제72차 국제조세협회 연차총회(IFA Seoul Congress)가 서울에서 개최되었다. 국제조세협회 연차총회는 조세 관련 학계 구성원, 각국 조세정책기구, 세무공무원, 조세 전문 변호사, 회계사, 세무사들이 교류하는 세계 최대 규모의 민간학술대회이다. 이번 연차총회에서는 우리나라뿐만 아니라 OECD에서도 중점적으로 논의되어 온 소득이전과 세원잠식(BEPS: Base Erosion and Profit Shifting) Project의 후속 내용으로서 앞으로의 국제조세 방향이 심도 있게 다루어졌다. 이번 연차총회를 통해 세계 각국의 조세정책이 다 함께 조세 정보를 공유하면서 소득에 상응하는 세금을 거두는 것을 목표로 하고 있음을 다시 한 번 확인할 수 있었다.

그런데 제72차 국제조세협회 연차총회 개최에 앞서 기획재정부가 2018년 세법개정안의 일환으로 발표한 국제조세조정에 관한 법률 개정안은 과연 세계 각국의 조세정책 흐름이나 이전가격 국제적 기준인 OECD 이전가격 가이드라인에 맞는 것인지 의문이다.

이번 개정안은 종전의 정상가격의 산출 시 독립기업원칙을 보완하면서 과세당국이 국외특수관계자 간의 실제 거래를 명확히 인식한 후 해당 국제거래가 합리적인 거래인지 여부를 판정하고, 해당 국외특수관계거래가 독립기업 간 거래와 비교하여 상업적 합리성이 현저히 결여된 경우 거래를 부인 또는 다른 거래로 대체 후 정상가격을 산출하도록 하고 있다. 법인세법 제52조에서 규정하고 있는 국내특수관계 거래를 규율하는 부당행위계산 부인제도와 유사한 내용을 도입한 것이다.

이러한 개정안은 원칙적으로 정상가격의 본질에는 부합하는 내용이라고 볼 수 있다. 다만, 이번 개정안은 OECD 이전가격 가이드라인(과세당국의 판단에 따라 거래를 재구성하여 정상가격을 산출할 수 있으나, 이는 예외적인 상황에 한해 적용한다)과 맞지 않는 문제가 있다. 즉, 거래 재구성 적용에 대한 상세한 설명을 담고 있는 OECD 이전가격 가이드라인과 달리 과세당국으로 하여금 동일한 거래유형이 독립기업 간에 존재하지 않아 합리적인 정상가격 산출이 어렵다는 이유만으로 거래를 얼마든지 부인할 수 있다는 내용이기 때문이다.

이번 국제조세조정에 관한 법률 개정안이 세계 각국의 국제조세 흐름에 역행하거나 OECD 이전가격 가이드라인과 맞지 않는지를 떠나, 개정안이 그대로 시행된다면 다국적 기업으로서는 그만큼 더 많은 불확실성과 위험을 떠안게 되었다.

시행되는 제도나 법률을 탓할 수 있어도 이를 위반할 수 없는 이상, 다국적 기업의 입장에서는 이러한 위험을 예방할 수 있는 가장 효과적인 방법이 찾아야 할 터인데, 그 방법은 무엇일까?

먼저, 다국적 기업 자신과 유사한 상황 아래에서 이루어지는 특수관계가 없는 기업들 간에 거래가 있는지를 조사할 필요가 있다. 그 다음으로 특수관계가 없는 기업들 간의 거래를 자신의 거래와 비교한 후, 자신의 거래에 합리성이 있는지를 살펴볼 필요가 있다. 이를 위해서 다국적 기업은 평소 자신의 기능, 위험, 자산뿐만 아니라, 자신과 거래하는 특수관계 있는 기업의 기능, 위험, 자산 또한 미리 분석하고, 이를 토대로 자신과 특수관계 있는 기업의 합리적인 경제적 이익을 평가한 후, 그 결과에 따라 기업의 정책을 실시하는 방안을 강구해야 한다.

매년 바뀌는 조세정책 아래에서 다국적 기업이 조세 위험을 줄일 수 있는 효과적인 방법은 다국적 기업 스스로 거래를 합리적으로 해 왔고 앞으로도 계속해서 합리적으로 할 것이라는 모습을 보여주면서 이에 대한 증빙을 미리 준비하는 것으로 요약할 수 있다.

대세는 'BEPS 프로젝트' …
기업은 어떻게 대응해야 하나

전완규 변호사

　최근 우리나라를 비롯하여 전세계적으로 거론되는 가장 대표적인 조세 이슈 중 하나가 다국적 기업의 소득이전을 통한 세원잠식(BEPS: Base Erosion and Profit Shifting) 및 이를 방지하기 위한 세계 각국의 입법 대응이다.

　다국적 기업은 국가 간의 세법 차이, 조세조약이나 국제조세 제도의 미비점 등을 이용하여 고세율 국가에서 얻은 수익을 특허 사용료나 이자 등의 명목으로 저세율 국가 계열사로 넘기는 방식으로 절세행위를 해 오면서 손쉽게 각국의 과세기반을 잠식하여 왔다. 개별 국가들은 이른바 구글세(Google's tax)를 통해 이를 방지하고자 하였으나, 구글세만으로는 다국적 기업의 조세회피 증가를 막지 못하는 한계를 절감하여 왔다. 이에 OECD는 2012년 소득이전을 통한 세원잠식 방지 필요성을 공감하는 주요 20개국(G20)을 중심으로 BEPS 방지 프로젝트 대책을 마련하기 시작하였고, 그 결과 2015년 다국적 기업의 소득이전을 통한 세원잠식(BEPS)에 대한 대응사항을 정식으로 승인하였으며, 현재는 우리나라를 포함하여 약 94개 국가가 BEPS 방지 프로젝트에 참여하고 있다.

BEPS 방지 프로젝트에서 우리가 가장 주목할 만한 내용은 'Action 13 이전가격문서화'이다. 종전에는 국외특수관계인과 국제거래를 하는 납세의무자는 소득세 및 법인세 신고기한 내에 국제거래명세서만을 작성하여 제출하면 충분하였다. 2015년과 2016년 국제조세조정에 관한 법령 개정을 통해 Action 13 이전가격문서화를 반영함으로써 국외특수관계인과 국제거래를 하는 납세의무자에게 국제거래정보통합보고서(통합기업보고서, 개별기업보고서, 국가별보고서) 제출 의무를 부과한 것이다.

위 규정에 따르면, 사업연도 종료일이 속하는 달의 말일부터 12개월 이내에 국외특수관계인과의 해당 과세연도 거래 합계액이 500억 원을 초과하면서 해당 과세연도 매출액이 1,000억 원을 초과하는 납세의무자는 통합기업보고서(Master File), 개별기업보고서(Local File)를 제출해야 하고, 직전 과세연도 연결 재무제표 매출액이 1조 원을 초과하는 다국적 기업그룹의 최상위 지배 내국법인은 국가별보고서(Country-by-Country Report)를 제출해야만 한다. 한걸음 더 나아가 우리나라는 국외특수관계인과의 거래에 대한 효과적인 과세조정을 위하여 과세당국에게 정상가격에 의한 과세조정에 필요한 거래가격 산정방법 등의 관련 자료 제출요구권 또한 부여하였다. 국제거래정보통합보고서를 제출하지 않거나 거래가격 산정방법 등에 관한 자료 제출 요구를 받고도 이에 응하지 않는 납세의무자에 대하여는 1억 원 이하의 과태료가 부과된다.

해외 자회사를 둔 우리나라 법인은 우리나라 국제조세조정에 관한 법률과 자회사 소재 해외 관련 법률을, 외국법인의 국내 자회사는 모회사인 외국법인이 소재한 해외 관련 법률과 우리나라 국제조제조정에 관한 법률을 모두 숙지하면서 관련 법률에 따라 두 국가에서 국제거래에 대한 국제거래정보통합보고서 자료제출 의무를 부담하는지를 검토해야만 하고, 만약 여기에 해당한다면 국제거래정보통합보고서를 작성한 후 해당 국가의 과세당국에 제출하여야만 한다.

국제거래에 대한 국제거래정보통합보고서 제출의무 덕분에 과세당국은 이전보다 훨씬 수월하게 다국적 기업의 세원을 정확히 파악할 수 있게 되었다. 그러나 납세의무자인 다국적 기업 입장에서는 더 이상 저세율 국가의 계열사를 이용한 절세방안을 강구하는 것이 쉽지 않게 되었을 뿐만 아니라, 매년 회계감사보고서와 별도로 국제거래정보통합보고서를 추가로 작성해야 하는 경제적 부담 또한 지게 되었다.

우리나라를 포함하여 많은 나라가 이미 국제거래정보통합보고서 제출의무를 입법화하였고, 머지 많아 나머지 나라도 이에 동참할 것이다. 국제거래정보통합보고서 제출의무가 더 이상 거스를 수 없는 시대적 흐름이 되어 버린 이상, 다국적 기업으로서는 투명한 과세 환경 아래에서도 통용될 수 있는 보다 합리적인 절세 방안을 찾아야 하는 어려운 숙제를 안게 된 셈이다.

세법에는 거래에 앞서 가격을 미리 정할 수 있는 방법이 있다?

전완규 변호사

　　최근 조세 분야에서 가장 많이 언급되고 있는 이슈 중 하나는 이전가격(Transfer price) 과세이다. 이전가격 과세는 기업이 국외특수관계자와 거래하면서 정상가격(Arm's length price)보다 높거나 낮은 가격을 적용함으로써 과세소득이 감소하는 경우, 과세당국이 정상가격을 기준으로 과세소득을 재계산하여 세금을 부과하는 것을 말한다.

　　전혀 이해관계가 없는 기업들 간의 거래에서는 양도인은 더 높은 가격을 받기 위해서, 양수인은 더 낮은 가격을 지급하기 위해 서로 모든 노력을 다하는 것이 시장의 원리이다. 이렇게 결정된 가격은 시장 상황, 양도인과 양수인이 처한 사정 등을 반영한 가장 합리적인 금액이므로, 과세당국이 개입할 여지는 없다. 반면에, 거래 당사자 간에 특수관계가 있는 경우, 예를 들면 한국 기업이 베트남에 자회사를 설립한 후 베트남 자회사에게 물건을 판매할 경우에는, 위와 같은 시장 원리가 작동하지 않고 거래가격이 정상가격 보다 높거나 낮게 결정될 가능성이 높다. 바로 이러한 국외특수관계자 간의 거래의 특수성에 착안하여 생긴 제도가 바로 이전가격 과세제도이다.

글로벌 시대에 국외특수관계자와의 거래가 지속적으로 증가하고, 복잡해지는 상황에서 기업의 이전가격 과세위험은 큰 폭으로 증가하고 있다. 당연히 과세당국 역시 국외특수관계자와의 거래가 있는 기업을 대상으로 세무조사를 할 때에는 이전가격 이슈를 주된 타깃으로 삼는 것이 최근의 세무조사 경향이다.

이러한 이전가격 과세위험을 사전에 차단하고 안정적으로 국외특수관계자와 거래할 수 있도록 도움을 주는 제도가 우리 세법에 있다. 바로 정상가격 산출방법 사전승인제도(APA, Advance Pricing Agreement)이다. APA는 납세자가 국외특수관계자와의 거래에서 적용할 정상가격 산출방법 및 정상가격 범위에 대하여 과세당국과 사전에 합의하는 제도이다. APA는 원칙적으로 장래에 적용될 정상가격 결정방법을 과세당국과 사전에 합의하는 제도이나, 이전의 과세연도에 대하여도 정상가격 산출방법을 소급하여 적용하는 것 또한 가능하다.

APA를 통해 얻을 수 있는 가장 큰 장점은 앞으로 있을 국외특수관계자와의 거래에 대한 세무상 리스크를 사전에 제거하는 것이다. 과세당국과 사전에 합의한 가격을 거래에 적용하므로, 과세당국이 다른 가격을 제시하여 과세소득을 재계산할 수 없는 것은 너무나도 당연하다. 이를 통해 기업은 평소 이전가격 정책 수립과 운영, 세무조사 대응에 투입할 인력이나 비용을 보다 더 생산적인 분야에 투입하는 긍정적인 효과도 거둘 수 있다. 당연히 이전가격 관련 세무조사가 있는 경우 그 과정에서 필요한 세무대리인 선임, 소송비용 등과 같은 경제적 문제 또한 해결할 수 있다.

무엇보다 APA는 기업의 장기 사업계획을 세우는 데 도움이 된다. 과세당국의 승인을 받은 거래가격의 범위가 정해져 있으므로, 국외특수관계자와의 거래를 통해 앞으로 얻을 수 있는 이익이나 지출하는 비용 등의 규모를 대략적으로 파악할 수 있고, 이를 토대로 기업의 앞날을 어느 정도 예측할 수 있기 때문이다.

평소 건강검진을 통해 자신의 몸을 지속적으로 관리하는 사람이 중병을 사전에 파악하여 건강한 장수를 누릴 수 있듯이, 국외특수관계자와 거래하는 기업 역시 APA를 통해 자신의 거래가격의 적정성을 관리해 두면, 이전가격 과세위험을 사전에 방지하여 보다 건설적이고 안정적인 기업의 운영이 가능하다. 사람이나 기업이나 그 모습, 외형만 다를 뿐 사전 예방이 가장 중요하고 효율적이며 경제적이라는 점에서 그 본질은 전혀 다를 것이 없다.

세법에는 거래에 앞서 가격을 미리 정할 수 있는 방법이 있다?

다국적 기업 거래정보, 다 들여다보는 과세당국

전완규 변호사

국제거래를 하는 기업들에게 강제되는 통합기업보고서(Master File), 개별기업보고서(Local File) 제출의무는 국제조세조정에 관한 법률 개정을 통해 2017년부터 처음 시행되었다. 국제거래를 하는 모든 기업이 이러한 의무를 부담하는 것은 아니고, 해당 과세연도 매출액이 1,000억 원을 초과하면서 국외특수관계인과의 해당 과세연도 거래 합계액 역시 500억 원을 초과하는 법인에게만 적용된다. 도입된 지 불과 2년밖에 되지 않아, 관련 업무를 경험해 본 일부 조세 전문가를 제외하고는 아직까지 조세 전문가라고 자부하는 세무공무원, 변호사, 회계사, 세무사 모두에게 낯선 제도이다.

필자는 지난 해 여러 기업을 위해 통합기업보고서, 개별기업보고서를 작성하면서 관련 업무를 처리할 기회를 가졌다. 기업의 다양한 정보를 대하면서 고객을 더욱 깊게 이해하고 고객과 더욱 가까워질 수 있었는데 다른 한편, 기업의 각종 거래정보가 과세관청에 그대로 유입된다는 점에서 기업의 조세 리스크를 증가시키는 것이 아닌가 하는 의문이 들었다.

통합기업보고서, 개별기업보고서에는 기업의 소유구조, 지배구조, 중요한 사업의 이익 창출 요소, 기업이 취급하는 주요 재화나 용역, 기업이 개발·소유·이용하고 있는 무형자산 현황, 무형자산 거래 현황 및 전략, 기업의 자금조달 현황, 국외특수관계인 간 거래에 대한 이전가격 현황 및 정책 등 기업의 민감하고 중요한 많은 정보를 반드시 담도록 되어 있다.

예전에는 과세관청이 기업의 세금 신고·납부가 올바르게 이루어졌는지를 파악하기 위해서는 세무조사를 통해 많은 시간 동안 기업의 장부를 검토하고 담당자를 인터뷰해야 했다. 그러나 이제는 통합기업보고서, 개별기업보고서만 보더라도 기업이 어떤 사업을 수행하면서 어느 정도 이익을 창출하고 있으며 국외특수관계인들과 어떻게 거래하고 있는지 등을 한눈에 쉽게 파악할 수 있다. 당연히 과세관청은 통합기업보고서, 개별기업보고서의 검토만으로도 어떤 부분에 중점을 두고 기업의 세금 신고·납부 현황을 파악해야 하는지 알수 있게 되었다. 과세관청 입장에서 통합기업보고서, 개별기업보고서는 기업을 효율적으로 조사하는 데 유용한 무기이자 새로운 과세 근거 자료가 된 것이다.

기업 입장에서는 통합기업보고서나 개별기업보고서를 제출하지 않으면 과세관청으로부터 1억 원 이하의 과태료를 부과 당하고, 세무조사를 받을 수도 있으니, 관련 보고서 작성·제출 의무를 새로운 규제라고 생각할 수밖에 없다.

그러나 기업이 이왕 통합기업보고서, 개별기업보고서를 작성하여 제출할 수밖에 없는 상황이라면 소극적으로 대처할 것이 아니라, 통합기업보고서, 개별기업보고서를 보다 적극적으로 활용할 필요가 있다. 통합기업보고서, 개별기업보고서에서 제시하고 있는 쟁점 측면에서 기업의 사업계획이나 국외특수관계인과의 국제거래 등과 관련된 문제점을 사전에 철저하게 파악하여 진단하고, 과세 위험을 줄이는 방향으로 사업계획이나 거래구조를 설정하는 것이다. 결국 위험을 기회로 활용하는 기업만이 치열한 경쟁상황에서 살아남을 수 있다.

해외에 신고 안 한 불법재산 있다면?

정종화 변호사

출범 2년째를 맞는 현 정부의 조세정책 기조는 소득 재분배, 과세형평 제고, 고소득 개인 및 법인에 대한 과세 강화로 요약할 수 있다. 현재 법인 과세와 관련하여서는 연 3,000억 원 이상 과세표준 구간에 대한 법인세 최고세율을 기존 22%에서 25%로 인상하여 대기업에 대한 과세는 강화하되 개별 기업에 대한 세무조사(내국세 분야)나 기업심사(관세, 외국환거래 분야)는 지양함으로써 기업활동을 보장하는 반면, 개인 과세와 관련하여서는 42% 소득세 최고세율 구간을 신설한 것 외에도 양도소득세와 보유세 등 부동산 과세 강화, 상속·증여세 관련 각종 공제 축소 및 편법·변칙증여 과세 강화 등 주로 고소득층에 대해 과세를 강화하였다.

2018년 5월 2일 국세청은 해외 은닉재산에 대한 엄정대처 방침을 발표하였고, 곧이어 2018년 6월 22일에는 대통령의 지시에 따라 검찰, 국세청, 관세청, 금융감독원 등 각 기관 전문인력들로 구성된 '해외불법재산환수 합동조사단'이 출범하여 해외에 은닉된 불법재산에 대한 과세 및 처벌의지를 공표하였다. 그렇다면, 해외불법재산이란 무엇이고, 그러한 재산에 대하여는 어떠한 제재가 가해지는 것일까?

국내 거주자 및 내국법인이 해외금융계좌(현금, 주식, 채권, 집합투자증권, 보험상품 등 모든 금융자산 포함)에 5억 원 이상의 잔액을 보유하거나 해외 부동산을 취득하는 경우 이를 신고하여야 하는데, 이러한 신고를 하지 아니한 채 은닉된 금융자산이나 부동산, 국외업체와의 허위거래나 거래가격 조장 등을 통해 국외로 유출된 법인자금이나 비자금 등을 해외불법재산이라 한다.

미신고 금융자산 또는 부동산에 대해서는 그 신고의무 불이행에 대한 과태료가 부과됨은 물론 미신고 액수에 따라 명단공개 및 형사처벌의 대상이 된다.

은닉된 해외불법재산과 관련하여 소득이 발생한 경우 이를 신고하지 않았을 가능성이 높으므로 세법상 소득세나 법인세가 추징되고, 그 재산이 자녀 등 제3자에게 증여된 경우에는 증여세가, 부모 등으로부터 상속을 받은 경우에는 상속세가 부과된다. 특히, 거주자의 비거주자에 대한 국외재산 증여는 「상속세 및 증여세법」상으로는 과세대상이 되지 않으나, 「국제조세조정에 관한 법률」에 따라 과세대상이 된다(즉, 국내 거주자인 아버지가 해외불법재산을 외국 거주자인 자녀에게 증여한 경우, 자녀가 증여세를 부담하지는 않지만, 아버지는 그에 대한 소득세는 물론 증여세까지 부담하게 된다). 이에 더하여, 해외불법재산의 조성 및 은닉 등 행위가 부정행위에 해당하는 경우에는 15년, 만일 증여액수가 50억 원을 넘는 경우에는 과세관청이 증여사실을 안 날로부터 1년이라는 최장기의 부과제척기간이 적용됨과 동시에 조세포탈죄로 처벌된다.

한편, 형사법적 측면에서는 해외불법재산 조성 과정에서 국내법인에 손해를 끼친 경우 횡령·배임죄가 문제될 수 있고, 도피 목적의 국외 재산이동에 대하여는 재산국외도피죄가 성립하며, 경우에 따라서는 범죄수익은닉규제법 위반으로 처벌받을 수 있다.

현재 우리나라는 한·미 금융정보 자동교환협정(FATCA), 다자간 금융정보자동교환협정(MCAA), 해외 부동산 신고제도 및 사후검증 등을 통해 국외에 존재하는 내국인의 재산을 파악할 수 있는 인프라를 구축하고 있을 뿐 아니라, 탈세제보나 해외금융계좌 신고에 대한 포상금 제도를 시행함으로써 관련 정보를 쉽게 접할 수 있는 주변인들에게 신고유인을 제공하고 있다. 앞으로 시간이 지날수록 과세당국이나 수사당국의 감시망은 더욱 강화될 것이고, 은닉된 해외불법재산 발각에 따른 과태료, 과세 및 형사처벌 등 위험성은 점점 더 높아질 것으로 예상된다.

따라서 해외재산과 관련하여서는 관련 법령상 부여된 신고의무를 충실하게 이행하여야 하고, 혹시라도 기존에 신고하지 못한 해외불법재산이 있다면 기한 후 신고 등을 통해 제재 수위를 낮추는 노력을 할 필요가 있다. 아울러, 국외 재산의 취득이나 처분 등과 관련하여서는 사전에 개별 과세요건이나 처벌대상 해당 여부에 대하여 전문가의 조언을 얻는 것이 바람직할 것이다.

하나의 거래, 서로 다른 국세청과 관세청

전완규 변호사

A 법인은 최근 해외계열사인 B 법인으로부터 원자재를 수입하였다. A 법인은 B 법인에게 실제로 지급한 원자재 대금을 기준으로 관세와 법인세를 납부하였다. 그런데 국세청은 A 법인이 B 법인에게 지급한 원자재 대금이 시가(정상가격)보다 높아 법인세를 적게 납부하였다고 하면서 실제 지급한 원자재 대금보다 낮은 금액을 기준으로 법인세를 다시 계산하고 A 법인으로부터 법인세를 추가로 납부 받았다. A 법인은 법인세를 추가 납부한 후 국세청이 인정한 낮은 원자재 가격을 기준으로 관세를 환급해 달라고 관세청에 요청하였다. 그러나, 관세청은 이를 받아들이지 않았다. 결과적으로 A 법인은 하나의 수입거래와 관련하여 서로 다른 거래대금을 기준으로 법인세와 관세를 납부한 셈이 되었다.

A 법인은 국세청, 관세청 모두 세금을 부과하고 징수하는 똑같은 국가기관인데 관세청이 국세청이 인정한 원자재 가격을 인정하지 않는 이유를 납득하기 어려울 것이다. 왜 이런 일이 발생한 것일까?

기본적인 이유는 법상 내국세와 관세의 수입가격 산정 방법에 차이가 있기 때문이다. 또한 현실적으로 내국세와 관세에 대한 징수 및 환급 업무를 담당하는 부서가 국세청과 관세청으로 나누어져 있어 이들 업무를 일관되게 처리하는 데 한계가 있기도 하다.

이러한 문제는 해외계열사의 조세에도 영향을 미칠 수 있다. 예를 들면, 위 사례에서 A 법인과 해외계열사 B 법인이 국세청이 시가로 인정한 원자재 가격을 거래가격으로 변경하여 거래를 계속하는 경우, 해외계열사가 속한 국가의 과세당국은 한국 국세청이 시가로 인정한 가격을 인정하지 않고 B 법인이 저가에 원자재를 공급하였다는 이유로 종전 거래 가격을 기준으로 B 법인에 대하여 법인세를 부과할 수 있다. 해외계열사가 속한 국가의 과세당국은 한국 국세청이나 관세청이 인정한 시가에 구속되지 않기 때문이다.

거래물품 가격은 거래 당사자가 각자가 처한 경영상황, 시장 상황 등을 고려하여 상호 간 협의를 통해 자율적으로 결정할 사항이다. 국세청, 관세청은 원칙적으로 이에 관여하지 않는다. 반면에, 특수관계에 있는 해외계열사와의 거래는 시가와 다르게 가격을 정하는 방법으로 과세소득을 국외로 이전하거나, 관세를 탈루할 가능성이 일반 거래보다 높아 국세청, 관세청이 거래가격이 적정한지 여부를 살펴본다. 실무상 거래가격을 다시 산출하는 것을 국제조세조정에 관한 법률에서는 '정상가격 산출', 관세법에서는 '과세가격 결정'이라고 부른다.

이처럼 특수관계에 있는 해외계열사와의 거래가격은 내국세, 관세는 물론이거니와 해외계열사가 납부할 세금에도 영향을 미친다는 점을 고려하여 적정하게 결정하여야만 회사가 나중에 받을 수 있는 세무상 위험이나 불이익을 방지할 수 있다. 최근 개정된 국제조세 조정에 관한 법률이 국외특수관계인과 일정 규모의 국제거래를 하는 납세의무자에게 국제거래정보통합보고서(통합기업보고서, 개별기업보고서, 국가별보고서) 제출 의무를 부과함으로써 국제거래 가격의 산출 근거를 남기도록 하고 있다. 위 제도를 적극적으로 활용하는 것이 과세에 대한 기업의 불확실성을 줄일 수 있는 현실적인 방안 중 하나이다.

수입맥주 잘 나가는 건 '세금' 때문?

전완규 변호사

　10여 년 전에는 수입맥주를 일부 매장에서만 마실 수 있을 정도로 찾아보기 어려웠고, 마시는 데에도 비싼 돈을 지급하였다. 그러나 요즘에는 수입맥주를 언제, 어디에서나 쉽게 구매할 수 있고, 특히 국산맥주보다 저렴한 맥주도 어렵지 않게 찾을 수 있게 되었다.

　수입맥주가 국내 맥주시장에서 차지하는 비중은 계속해서 증가하고 있다. 관세청 통계자료에 따르면, 2013년 8,965만 달러, 2014년 1억 1,169만 달러, 2015년 1억 4,186만 달러, 2016년 1억 8,156만 달러였던 맥주 수입액은 올해 7월까지 1억 4,392만 달러로 2016년 7월 대비 51%나 증가했고, 그 덕분에 수입맥주는 올 들어 7월까지 와인과 양주를 제치고 사상 처음으로 수입주류 1위를 차지했다.

　이처럼 수입맥주가 국내 맥주시장에서 가파르게 상승 곡선을 탄 것은 국내 소비자들의 기호가 다양해지고, 외국에서 제조된 물건을 쉽게 구입할 수 있는 거래환경이 조성되었기 때문이다. 여기에 일반인들이 쉽게 알기 어려운 한 가지 이유를 더 든다면, 수입맥주와 국산맥주의 가격결정 요소 중 하나인 주세 산정 방법이 다르다는 점이다.

현행 주세법에 따르면, 주세는 과세표준에 세율을 곱해 산정한다. 그런데, 국산맥주나 수입맥주 모두 세율은 72%로 동일하나, 과세표준은 다르다. 즉, 국산맥주는 '출고하는 때의 가격'을 과세표준으로 하고 있는데, 전통적으로 국산맥주 업체는 제조와 판매를 함께 하므로, '출고하는 때의 가격'에는 판매단계에서 발생하는 판매관리비, 광고비 등 각종 마케팅 비용이 포함되어 있다. 반면에, 수입주류는 '수입신고를 하는 때의 가격'을 과세표준으로 하므로, '수입신고를 하는 때의 가격'에 판매단계에서 발생하는 비용 등이 포함되지 않는다. 판매단계에서 발생하는 비용이 국산맥주의 과세표준에만 포함되는 차이점으로 인하여 국산맥주는 수입맥주보다 상대적으로 더 많은 주세를 부담하고, 이러한 주세 부담의 차이가 결국 수입맥주의 국내 맥주시장 점유율을 상승시키는 한 요인이 된 것이다.

맛있는 맥주를 개발하는 것은 맥주 회사의 몫이고, 어떤 맥주를 선택할 것인지는 소비자들의 권리이다. 수입맥주의 증가는 소비자들의 선택에 따른 것이고 소비자들에게 다양한 맛을 제공하여 소비자들에게 더 많은 만족을 제공한다는 점에서 반드시 부정적으로 볼 이유는 없다.

그러나, 우리 스스로 만든 법이 수입맥주보다 국산맥주에 더 많은 조세 부담을 갖게 하여 오히려 국산맥주 제조업체를 불리한 환경에 처하게 한다면, 이는 국산맥주 제조회사에게는 불합리한 규제이자 역차별이라고 할 수 있다. 이로 인해 국내의 맥주제조 기반을 붕

괴시켜 국내 일자리를 감소시키는 원인이 되어 사회적으로 큰 문제가 발생할 수도 있다. 최근 일부 국내맥주 제조회사가 매출 하락으로 인하여 공장 매각을 추진하고 있다는 소식이 들리는 것은 이와 전혀 무관하다고 볼 수 없다. 국산맥주와 수입맥주가 동등한 환경 아래에서 경쟁할 수 있도록 주류 관련 조세제도를 정비할 필요가 있다.

과세당국의 '스퀴즈(SQUEEZE)'와
다국적 기업 생존법

정재웅 변호사

 우리나라 관세청은 대략 5년에 한 번씩 실시하는 관세심사를 통해 다국적 기업이 국외특수관계기업으로부터 수입하는 물품의 가격(이전가격)에 대해 관세법 소정의 과세가격으로서의 적정성 여부를 심사하고, 국세청 역시 유사한 방식으로 다국적 기업의 수입물품의 이전가격에 대해 국제조세조정에 관한 법률 소정의 정상가격 여부를 심사한다.

 그런데, 이와 같이 동일한 다국적 기업의 이전가격에 대하여, 관세청은 그 가격이 시가보다 낮을 것이라는 의심의 눈초리로 이를 부인하고 높은 과세가격을 결정하여 관세를 부과하려는 입장인 반면, 국세청은 반대로 그 가격이 시가보다 높을 것이라는 의심의 눈초리로 이를 부인하고 낮은 정상가격을 결정하여 법인세를 부과하려는 입장에 있다.

 이와 같은 관세청과 국세청의 이전가격에 대한 입장차이는 두 기관의 역할과 기능이 다르고, 관세와 법인세의 과세방식 차이에서

발생하는 당연한 결과라고 볼 수 있으나, 납세자인 다국적 기업 입장에서 보면 하나의 이전가격에 대해 한 나라의 과세권을 양분하고 있는 관세청과 국세청으로부터 양면 공격을 받는 셈이 된다.

그래서 실무상으로는 관세청과 국세청의 이전가격에 대한 입장 내지 접근방식의 차이에 대해, 과세당국이 다국적 기업의 이전가격을 '스퀴즈(squeeze)' 한다는 표현을 사용하기도 한다.

다국적 기업에 대한 이전가격 스퀴즈에 대해, 이론상 다국적 기업으로서는 관세청의 이전가격 부인으로 추가적으로 관세를 부담한 경우 그 관세상당액은 추가 납부의무 발생 당시 사업연도의 손금에 산입되어 법인세 감액을 받을 수 있고, 반대로 국세청의 이전가격 부인으로 추가적으로 법인세를 부담한 경우에는 관세법상 과세가격 인하로 인한 관세 감액을 받을 수 있으므로 다국적 기업이 결과적으로 손해를 보는 일은 없어 보인다.

법률상으로도 국제조세조정에 관한 법률은 '관세청이 이전가격보다 높은 과세가격을 결정하는 경우 국세청에 법인세 등 감액 경정청구'를 할 수 있는 근거 규정을 두고 있고(제10조의2), 관세법 역시 '국세청이 이전가격보다 낮은 과세가격을 결정하는 경우 관세청에 관세 등 감액 경정청구'를 할 수 있는 근거규정을 마련해 두고 있다(제38조의4).

이처럼 관세 '과세가격'과 국세 '정상가격'간 불일치 문제로 인해 다국적 기업이 손해를 보는 것을 방지하기 위한 이론적, 법률적 근거는 마련되어 있으나, 현실적으로 다국적 기업이 구제를 받기는 매우 힘들다.

　그 이유는 실무상으로 관세청과 국세청이 사용하는 이전가격의 적정성 여부를 판단하는 방법을 서로 다른 법률에 각각 규정을 두고 있는 데서 비롯된다. 관세청이 사용하는 관세 '과세가격' 결정방법은 관세법 제30조 내지 제35조에, 국세청이 사용하는 국세의 '정상가격' 산출방법은 국제조세조정에 관한 법률 제5조에 각각 규정되어 있다.

　양자는 그 실질에 있어서는 큰 차이가 없으나, 형식이나 용어상 차이가 있다. 때문에 관세 '과세가격'과 국세 '정상가격'간 불일치 문제는 쉽게 해결되지 못하고 있고, 이는 우리나라에만 국한된 문제도 아니다. 지금까지 조세심판원이나 법원에서 문제된 사건들도 하나같이 다국적 기업의 경정청구가 받아들여지지 않았다.

　그러나 관세 '과세가격'이나 국세의 '정상가격'은 모두 일반적이고 통상적인 거래에서 용인될 수 있는 수준의 가격인지를 문제 삼는 것으로 그 본질은 동일하다. 따라서 다국적 기업의 동일한 이전가격을 두고 관세의 과세가격으로 인정될 수 있는지와 국세의 정상가격으로 볼 수 있는지를 달리 판단하는 것은 문제가 있다. 이는 다국적 기업의 조세위험 예측을 어렵게 하는 것으로 다국적 기업의 국내진출과 투자의 장애요인이 될 것임이 분명하다.

　이에 관세청은 최근 관세의 '과세가격'과 국세의 '정상가격'간 불일치 문제를 해결하기 위해 기획재정부 및 국세청과 협업을 추진하는 등 다각도로 해법을 모색하고 있는 것으로 알려져 있으나, 관세청과 국세청 간의 입장 차이로 인해 실효성 있는 해결방안이 나오지 못하고 있다.

　다국적 기업으로서는 당분간 현행 제도 하에서 조세위험 발생을 사전에 막을 수 있는 방안을 이용할 수밖에 없다. 그 중 하나로 국세청에 대한 정상가격 산출방법 사전승인(APA: Advance Pricing Agreement)과 관세청에 대한 관세 과세가격 결정방법 사전심사(ACVA: Advance Customs Valuation Arrangement)를 동시에 신청하는 방안을 고려해 볼 수 있다. 국제조세조정에 관한 법률(제6조의3)과 관세법(제37조의2)에 모두 근거가 마련되어 있는데, 최근 다국적 기업의 신청률이 높아지는 것은 이전가격 스퀴즈를 타개하기 위한 지극히 당연한 조치로 이해된다.

책을 만든 사람들

임승순	• 사법시험 19회, 전 서울행정법원 부장판사 • 법무법인(유) 화우 변호사(조세) • 조세법(박영사)
전오영	• 사법시험 27회, 전 서울지방법원 북부지원 판사 • 법무법인(유) 화우 변호사(조세) • 국세청 조세법률고문
박정수	• 사법시험 37회, 전 서울남부지방법원 부장판사 • 법무법인(유) 화우 변호사(조세) • 국세청 조세법률고문
오태환	• 사법시험 38회, 전 서울행정법원 판사 • 법무법인(유) 화우 변호사(조세) • 대한변호사협회 세제위원회 위원
정재웅	• 사법시험 41회 • 법무법인(유) 화우 변호사(조세) • 서울지방국세청 조세법률고문
전완규	• 사법시험 41회 • 법무법인(유) 화우 변호사(조세) • 대한변호사협회 세제위원회 위원, 한국국제조세협회 이사
이경진	• 사법시험 44회, 전 서울지방국세청 송무과장 • 법무법인(유) 화우 변호사(조세) • 국세청 국세정보공개심의위원회, 국가송무상소심의위원회 위원
김용택	• 사법시험 45회 • 법무법인(유) 화우 변호사(조세) • 전 서대문세무서 납세자보호위원회 위원
정종화	• 사법시험 47회 • 법무법인(유) 화우 변호사(조세)

로펌변호사가 들려주는 세금이야기

초판발행	2019년 8월 20일
중판발행	2023년 3월 10일

지은이	법무법인(유) 화우
엮은이	임승순·전오영·오태환
펴낸이	안종만·안상준

편 집	전채린
기획/마케팅	조성호
표지디자인	조아라
제 작	고철민·조영환

펴낸곳	(주)박영사
	서울특별시 금천구 가산디지털2로 53, 210호(가산동, 한라시그마밸리)
	등록 1959. 3. 11. 제300-1959-1호(倫)
전 화	02)733-6771
f a x	02)736-4818
e-mail	pys@pybook.co.kr
homepage	www.pybook.co.kr
ISBN	979-11-303-3459-2 03360

정 가	16,000원